구원의 복음

구원의 복음

2009년 5월 20일 제1판 1쇄 발행
2015년 10월 20일 제1판 5쇄 발행

지은이 | 신인훈
펴낸이 | 안병창
펴낸데 | 요단출판사

주 소 | 158-870 서울특별시 영등포구 국회대로 76길 10
기 획 | (02) 2643-9155
영 업 | (02) 2643-7290~1 Fax (02) 2643-1877
등 록 | 1973. 8. 23. 제13-10호

편 집 | 이영림
제 작 | 박태훈
영 업 | 김창윤 정준용 이영은

정 가 7,500원

ISBN 978-89-350-1199-5 03230

이 책의 성경 구절은 개역개정을 인용하였습니다.

요단인터넷서점 www.jordanbook.com

구원의 복음

신 인 훈 지음

요단

너희 속에 있는 소망에 관한 이유를 묻는 자에게는 대답 할
것을 항상 준비하되 온유와 두려움으로 하고. 벧전 3:15

차례

서문

저는 장로의 아들로 태어났지만 30년 동안 구원에 대해 알지 못한 채 교회에 다녔습니다. 하지만 후에 제가 목회를 하면서 보니 저처럼 구원을 알지 못하고 그저 교회에 출석만 하고 있는 사람들이 참 많았습니다. 심지어 신학교를 졸업해 곧 목회를 할 사람들 중에도 성경의 가르침과 신앙의 기초에 대해 잘 모르는 경우가 허다했습니다.

성경은 네가 믿는 구원에 관해 누가 물으면 온유한 마음으로 대답할 것을 항상 준비하라고 말합니다(벧전 3:15). 우리 구원받은 사람들은 우리에게 묻는 사람들에게 잘 대답해야 할 뿐 아니라 구원받지 못한 사람들에게 복음을 전하고 가르쳐야 할 사명도 주님께 받은 사람들입니다.

하지만 오랫동안 교회에 다녔으면서도 어떻게 구원을 받는지, 하나님께서 어떻게 신앙생활 하기를 원하시는지 모르거나, 사람들로부터 무엇을, 어떻게, 왜 믿느냐는 질문을 받으면 자신 있게 대답하지 못하는 사람들이 너무나 많습니다.

그래서 저는 이 책에서 제가 성경을 통해 깨달은, 구원 얻는 믿음에 담긴 3가지 내용과 믿음으로 구원에 이르는 2가지 방법에 대해 소개하려 합니다.

이 책은 얼마 동안 교회에 다닌 사람이라면 누구나 대답할 수 있는 신앙의 기초를 정리한 것으로, 이를 통해 사람들이 우리의 신앙에 대해 바로 알고, 참된 신앙생활을 할 수 있도록 했습니다. 교회에 처음 나온 사람들에게 이 책을 읽어 주면서 약간의 설명을 덧붙인다면 그 사람이 기독교의 신앙을 깨닫고 바른 신앙생활을 하도록 도울 수 있을 것입니다. 교회에서 소그룹 교재로 사용하는 것도 좋을 것입니다.

저는 중남미와 유럽의 교회나 단체들 중에서 이것을 소그

룹 교재로 사용하거나 사람들에게 읽어 줘서 사람들이 자신과 예수님에 대해 알고 신앙생활을 잘하게 된 경우를 종종 보았습니다. 이 책은 이미 스페인어와 영어, 일본어, 중국어, 러시아어, 아람어로 번역되어 사용되고 있습니다. 늦은 감은 있지만 한국어로 출판하게 된 것을 감사드리며, 이 책을 읽고 신앙에 많은 도움을 받으시길 기원합니다.

달라스에서

신인훈

1부
서론

너희의 구원의 복음을 듣고 그 안에서 또한 믿어 약속의 성
령으로 인치심을 받았으니. 엡 1:13

구원에 이르는 믿음

본 교회(달라스 세계선교교회) 새가족반 교재인 『일곱 계단』(미국 볼티모어 벧엘교회 발행)의 제1권에서는 인생에서 가장 기본적이면서 중요한 3가지를 질문하고 있습니다.

1. 나는 도대체 어디서 왔는가?
2. 나는 무엇 때문에 이 세상에서 살고 있는가?
3. 나는 지금 어디로 가고 있는가?

이 같은 질문은 동서양의 철학자들 사이에서 아주 오래 전부터 끊임없이 대두되어 오던 것으로, 현대의 철학자들 역시 동일한 질문을 하고 있습니다. 이는 인류가 여전히 이러한 질문에 대한 명쾌한 답을 찾지 못하고 있음을 말해 주는 단적인 증거입니다. 그러나 하나님의 말씀인 성경은 이 질문에 대한 해답을 분명하게 말하고 있습니다.

하나님의 창조를 믿지 않는 진화론자들은 오랜 시간을 거쳐 미생물이 고등 생물로, 또 고등 생물이 사람으로 진화되었다고 주장합니다. 하지만 이러한 진화론은 하나의 이론에 불과한 것이며, 과학이라고 말할 수 없는 것입니다. 그럼에도 많은 사람들이 이것을 최고의 과학으로 여기며 오늘날까지 학교에서 가르치고 있습니다. 진화론은 150년이 지나는 동안 사람과 짐승이 진화되었다는 증거를 한 가지도 제시하지 못하고 있습니다.

그러나 성경은 이것에 대해 분명히 말하고 있습니다. 짐승과 새와 물고기와 땅에 기는 것들은 처음부터 하나님께서 각각 그 종류대로 창조하신 것이며(창 1:21, 25), 사람은 하나님께서 자신의 형상으로 창조하신 존재입니다(창 1:27). 그러므로 이 땅에 사는 모든 사람은 진화로 생겨난 것이 아니라, '하나님의 창조에 의해서 하나님으로부터 왔습니다.' 물론 우리는 성경을 통해 인류의 조상 아담과 하와가 하나님의 창조에 의해 만들어졌다는 것을 알고 또한 믿고 있습니다.

나는 도대체 어디서 왔는가?

제1권의 첫 번째 질문은 '나는 도대체 어디서 왔는가?' 하는 것입니다. 일반적으로 우리는 이 질문에 부모님으로부터 왔다고 대답을 합니다. 하지만 성경은 아담과 하와뿐 아니라 모든 사람이 하나님으로부터 왔다고 말합니다. 그것은 21세기를 살아가는 나 역시 '하나님으로부터 왔다'는 말입니다. 그렇다면 문제는, 우리가 과연 하나님으로부터 왔다는 증거를 제시할 수 있는가 하는 것입니다.

성경은 이에 대해 다음과 같이 분명하게 증거를 제시하고 있습니다.

> 여호와가 우리 하나님이신 줄 너희는 알지어다 그는 우리를 **지으신 이**요 우리는 그의 것이니 그의 백성이요 그의 기르시는 양이로다. 시 100:3

시편 100편은 예수님께서 이 땅에 사람이 되어 오시기 약 1,000년 전에 성령의 감동을 받은 어떤 사람(다윗)이 기록한 시입니다. 그는 '우리'라는 표현을 사용하여 그때 그 시절에 살았던 모든 사람이 하나님께 지음 받은 존재임을 고백하고 있습니다.

우리는 다 주의 손으로 **지으신 것**이니이다. 사 64:8

이사야 64장은 예수님께서 사람이 되어 이 땅에 오시기 약 700년 전에 이사야 선지자가 성령의 감동으로 기록한 책입니다. 그 역시 '우리는 다'라는 표현을 사용함으로써 선지자가 살던 시절의 사람들 모두 하나님께서 지으신 것이라고 말하고 있습니다.

예수님께서 이 땅에 오시기 1,000년 전에 살았던 사람도, 또 700년 전에 살았던 사람도 다 하나님께서 지으셨다면 지금 21세기에 살고 있는 우리 역시 하나님께서 지으신 것이 분명합니다. 아담과 하와만 하나님께서 직접 지으신 것이 아니라 이 땅에 살았던 모든 사람과 지금 살고 있는 모든 사람이 다 하나님의 손에 의해 지음을 받은 것입니다.

아담과 하와 이후에는 하나님께서 사람을 지으시되 그들의 부모를 통해 지으셨습니다. 성경은 하나님께서 우리를 지으신 곳이 '우리 어머니의 태' 라고 기록하고 있습니다.

> 주께서 내 장부를 **지으시며 나의 모태**에서 나를 **조직**하셨나이다. 시 139:13, 개역한글
>
> 너를 **만들고 너를 모태**에서부터 **지어 낸** 너를 도와 줄 여호와가 이같이 말하노라. 사 44:2
>
> 나를 **태 속에 만드신** 이가 그도 만들지 아니하셨느냐 우리를 **뱃속에 지으신** 이가 한 분이 아니시냐. 욥 31:15

하나님께서는 나를 내 어머니의 태에서 만드시고 또 조직하셨습니다. 이 말씀은 사람이 결혼을 하면 저절로 아이가 생기는 것이 아니라 하나님께서 그 부부를 통해 아이를 지으신다는 것을 의미합니다. 세상의 어느 부모도 "내가 우리 아이의 팔을 만들었다", "내가 머리를 만들었다"라고 말할 수 없습니다. 모두 하나님께서 그 부모를 통해 만드신 것입니다.

'조직(조성)하셨다' 는 말은 머리와 다리와 몸의 모든 것을 만드신 하나님께서 머리를 붙일 곳에 머리를 붙이시고, 다리

를 붙일 곳에 다리를 붙이셨다는 말입니다. 이 말씀 역시 어느 부모도 "우리 아이의 머리는 내가 붙였다"고 말하거나, "우리 아이의 귀는 내가 얼굴 양쪽에 보기 좋게 붙였다"고 말할 수 없는 근거가 됩니다. 한 남자와 한 여자가 결혼해 아이가 생기는 것은 저절로 되는 것이 아니라 하나님께서 부모를 통해 어머니의 태에서 지으신 것입니다.

성경은 또한 하나님께서 우리를 어떤 순서로 지으셨는지에 대해 자세히 말하고 있습니다.

> 주께서 나를 **젖**과 같이 쏟으셨으며 엉긴 **젖**처럼 엉기게 하지 아니하셨나이까. 욥 10:10

욥은 하나님께서 사람을 만드실 때에 젖, 곧 우유와 같은 흰 액체를 어머니 태 속에 쏟으셨다고 말합니다. 아버지가 했다고 하지 않고 주께서, 곧 하나님께서 어머니 태 속에 젖과 같은 액체를 쏟으셨다고 말하는 것이 이해하기는 쉽지 않으나, 이 말씀은 하나님께서 하신 일을 분명하게 나타내고 있습니다.

저는 어린 시절 정철의 시조 중에 나오는 "아버지 날 낳으시고(렘 16:3) 어머니 날 기르시니"라는 말을 잘 이해하지 못했습니다. 그 시절 제가 아는 바로는 아이를 낳는 것은 어머니이지 아버지가 아니었습니다. 저는 한번도 아버지가 아이를 낳는 것을 보지 못했습니다. 그러나 중학교 생물 시간에 그것을 이해하게 되었습니다. 지금은 주께서 여러분의 어머니 태에 젖 같은 흰 액체를 쏟으셨다는 말을 이해하기가 좀 어렵겠지만 머지않아 여러분도 이해하게 될 것입니다. 성경은 쏟아진 젖과 같은 그 액체를 하나님께서 엉기게 하셨다고 말씀하고 있습니다.

어머니의 태 속에서 젖과 같이 엉기게 한 다음에는 어떻게 하셨다고 말하고 있습니까?

> **피부**와 **살**을 내게 입히시며 **뼈**와 **힘줄**로 나를 엮으시고.
>
> 욥 10:11

어머니 태에서 엉긴 액체가 살이 되고, 뼈가 되고, 힘줄이 되어 연결되고, 가죽이 되어 온몸에 덮이는 것도 우리 부모님이 하시는 일이 아니라 하나님께서 하시는 일입니다. 우리는 세상이 저절로 이뤄지는 것으로 생각해 자연과학이라는 용어를 사용하지만, 이 세상에는 원인 없이 저절로 되는 것이 하나도 없습니다. 하나님을 믿는 사람이나 믿지 않는 사람이나 사람은 누구나 하나님의 창조에 의해 이 세상에 존재하게 되는 것입니다. 사람의 뼈가 206개라고 합니다. 하지만 그중에 부모가 친히 만든 것은 하나도 없습니다. 다 하나님께서 만드신 것입니다. 성경이 그 다음 단계에 대해 하는 말을 계속 살펴보겠습니다.

> **생명**과 **은혜**를 내게 주시고 나를 보살피심으로 내 **영**을 지키셨나이다. 욥 10:12

어머니의 태 속에서 지음 받은 우리에게 하나님은 육체의 생명을 넣어 주셨습니다. 그리고 영도 넣어 주셨습니다. 짐승이나 새나 물고기는 육체의 생명은 있으나 영은 없습니다. 사람에게만 영을 불어넣어 주셨습니다(창 2:7). 사람은 영적인 존재이므로 육의 생명이 다해 죽어도 영의 생명은 죽지 않아 사후에 천국이나 지옥에서 영원히 살게 됩니다. 여기서 '은혜를 주셨다' 는 말은 어머니 태의 물속(양수)에서 오랫동안 살아 있는 것이 하나님의 은혜임을 말하는 것입니다.

주께서 나를 **태에서** 나오게 하셨음은 어찌함이니이까?

욥 10:18

아기가 어머니의 태 속에서 얼마 동안 있다가 태어나게 하는 것도 하나님께서 하시는 것입니다. 어머니가 "너무 힘이 드니 이제는 나오너라"고 해서 태에서 나오는 것도 아니며, 아버지가 "보고 싶으니 빨리 나오너라"고 해서 나오는 것도 아닙니다. 때가 되면 하나님께서 태에서 나오게 하시는 것입니다.

이렇게 하나님께서 어머니 태 속에서 처음부터 우리를 만드시고, 조직하시고, 태어나게 하셨으므로 우리 모든 사람은 다 부모님을 통해서 '하나님으로부터 온 것입니다.'

우리는 일반적으로 농부가 농사를 짓는다고 말합니다. 틀린 말은 아닙니다. 그러나 한번 가만히 생각해 봅시다. 농부는 씨를 뿌리고, 김을 매고, 추수를 합니다. 하지만 정작 뿌린 씨

앗에 싹이 나게 하고, 자라게 하고, 잎이 나게 하고, 꽃이 피고 열매 맺게 하고, 그 열매를 익게 하는 것은 하나님께서 하시는 일입니다(시 65:9-13; 사 28:23-29). 그렇다면 과연 누가 농사를 짓는 것입니까? 농부입니까? 하나님입니까? 농부는 수고를 하는 것이고, 농사는 하나님께서 지으시는 것입니다.

이 말에 "농사는 자연적으로 되는 것이지 어떻게 하나님께서 농사를 지으시냐?"고 반문할 사람들도 있을 것입니다. 그들은 땅과 공기와 수분과 빛이 있으면 농사는 계절에 따라 자연적으로 되는 것이라고 말합니다. 하지만 땅과 공기와 수분과 빛은 누가 우리 사람들에게 주신 것입니까? 그것은 자연적으로 이루어지는 일이 아닙니다. 하나님께서 땅을 지으시고, 공기를 공급하시며, 땅 위에 비를 내리시고, 빛이 비취게 하시며, 계절을 주셔서 된 것입니다(창 1:1; 마 5:45). 그런데도 과학자들은 그것을 모르고 자연과학이라는 용어를 사용하고 있습니다.

이와 같이 우리를 지으신 분은 하나님이시며, 우리의 부모님은 우리를 낳기 위해 수고를 하신 분들입니다. 하나님은 수고하고 고생하신 부모님께 효도해야 한다는 것을 계명으로 주셨으며(출 20:12), 또한 명령하셨습니다(출 21:17; 레 19:3). 그러므로 우리는 반드시 부모님께 효도해야 합니다(엡 6:1-3).

여기서 우리에게 떠오르는 의문은 하나님께서 우리를 지으셨다면 육체적으로 기형인 아이와 정신적으로 부족한 아이, 도덕적으로 문제가 있는 아이가 태어나는 것은 하나님의 실수인가 하는 것입니다. 성경은 하나님이 실수하신 것이 아니라 사람들이 잘못해서 육체적으로 기형인 아이와 도덕적으로 문제 있는 아이가 태어나는 것이라고 말합니다.

> 내가 깨달은 것은 오직 이것이라 곧 하나님은 사람을 **정직하게 지으셨으나** 사람이 많은 **꾀**들을 낸 것이니라.
>
> 전 7:29

지혜의 왕이던 솔로몬도 '부모는 모두 건강한데 어떻게 그 가정에 육체적으로 혹은 정신적으로 장애를 가진 아이가 태어나는가?' 하는 의문을 가졌다가 노년에 이르러서야 그것이 하나님의 잘못이 아니라 사람의 잘못에 의한 것임을 깨닫게 됩니다.

하나님은 사람을 육체적, 정신적, 도덕적으로 완전하게 지으셨습니다. 그러나 죄가 세상에 들어온 후에 죄를 지은 사람들이 하나님의 가르침보다 자신의 꾀(생각, 고안, 창작)를 따라 살게 되면서 오늘날과 같이 도덕적으로 죄를 범하는 사람과 육체적인 장애를 가진 사람, 정신적으로 문제가 있는 사람이 나타나게 된 것입니다. 그에 대해 성경에 나타난 한 가지 예를 살펴보겠습니다.

> 그에게는 영이 충만하였으나 오직 하나를 만들지 아니하셨느냐 어찌하여 하나만 만드셨느냐 이는 **경건한 자손**을 얻고자 하심이라. 말 2:15

하나님은 여자를 지으실 영이 많이 있었지만 아담을 위해 하와(여자) 한 명만을 지으셨습니다. 또한 하와를 위해 남자를 지으실 때도 얼마든지 영이 있었지만 아담이라는 남자 한 명만을 지으셨습니다. 그 이유는 경건한 자손(하나님의 뜻에 순종하는 자손, 하나님을 경외하는 자손)을 얻기 위해서였습니다.

이 말씀은 하나님의 목적과 의도를 무시하고 결혼한 남자가 다른 여러 여자와 육체관계를 가지거나, 결혼한 여자가 다른 여러 남자와 육체관계를 가지게 되면 경건한(하나님을 닮은) 자손을 볼 수 없다는 것을 말합니다. 부부 외에 다른 이성과 육체적인 관계를 갖는 것은 사람이 꾀를 내는 것이요, 하나님께 죄를 범하는 것입니다. 그래서 그 결과가 당대에 혹은 여러 대 후에라도 나타나 육체적으로 정상이 아니거나 도덕적으로 문제 있는 아이가 태어나는 것입니다.

마찬가지로 장애를 가진 아이가 태어나는 것 역시 사람이 공기와 물과 환경을 오염시키고 잘못된 약물을 사용해 생겨난 일이지 하나님의 실수로 그렇게 된 것이 아닙니다.

나는 무엇 때문에 이 세상에 살고 있는가?

제1권의 두 번째 질문은 '나는 무엇 때문에 이 세상에 살고 있는가?' 하는 것입니다. 그리고 그에 대한 대답은 '하나님께로 돌아가는 길을 찾아서 되돌아가기 위해서' 입니다. 우리는 앞에서 우리가 하나님으로부터 왔다는 사실을 살펴보았습니다. 하나님으로부터 온 인생은 반드시 이 땅을 떠나 천국(하나님이 계시는 곳)이나 지옥(마귀와 그 사자/부하들이 있는 곳)으로 가게 되어 있습니다. 문제는 우리가 하나님께로 돌아가려고 해도(전 12:7) 그 '길'이 우리 눈에 보이지 않는다는 것입니다. 우리는 그 길이 어디에 있으며, 어떻게 그 길로 갈 수 있는지 알지 못합니다. 세상의 많은 성인들이 그 길을 찾았으나 찾지 못했습니다. 하지만 2,000년 전에 이 땅에 오셨던 예수님은 이렇게 말씀하셨습니다.

> 내가 곧 **길**이요 진리요 생명이니 나로 말미암지 않고는 아버지께로 올 자가 없느니라. 요 14:6

예수님은 자신만이 아버지께로 가는 그(the) 길(그 진리, 그 생명)이 되신다고 말씀하십니다. 예수님만이 하나님께로 가는 유일한 길입니다. 그리고 아버지께로 가는 그 길이 천국으로 가는 길입니다. 다른 하나의 인생길은 지옥으로 가는 길입니다.

부모님에게서 태어날 때 우리는 이미 지옥으로 가는 길에서 태어났으므로 가만히 있어도 지옥으로 가게 됩니다. 지옥 가는 길은 선택하지 않아도 저절로 갑니다. 하지만 천국 가는 길은 지금 당신이 선택해야 갈 수 있습니다. 그렇다면 2,000

년 전에 사셨던 예수님을 우리가 어떻게 만날 수 있으며, 또 어떻게 해야 그 길로 갈 수 있을까요?

너희가 섬길 자를 오늘 택하라 수 24:15

우리가 살아가는 나그네 같은 인생길은 천국으로 가는 길과 지옥으로 가는 길, 두 길밖에 없습니다. 중간 길도 없으며, 잠시 쉬어 가는 길도 없습니다. 그리고 언젠가는 모든 사람이 이 나그네 인생길을 마치게 됩니다. 나그네 같은 인생길이 끝나면, 어떤 사람은 천국에서 영원히 주님과 함께 행복을 누리며 영광 가운데 살게 되지만, 어떤 사람은 영원히 지옥에서 말할 수 없는 고통 가운데 살게 됩니다.

그러므로 우리는 반드시 하나님(아버지)께로 가는 그 길을 찾아야 합니다. 성경은 "어떤 길은 사람이 보기에 바르나 필경은 사망의 길이니라"(잠 14:12, 16:25)고 말합니다. 당신은 이 세상에서 자신이 가장 현명하고 지혜롭게 살고 있다고 생각할지도 모릅니다. 그러나 예수님을 믿지 않는다면 그 인생은 지옥 가는 길에 서게 되어 가장 어리석고 미련하며 완전히 실패

한 삶을 살게 됩니다(눅 16:23). 그 사실을 반드시 알아야 합니다. 천국 가는 길을 찾는 것은 우리 인생에서 가장 중요한 일입니다. 남의 일처럼 편안히 바라보고만 있을 수는 없습니다. 예수님께서 친히 아버지께로 가는 길이 되신다고 말씀하셨으므로, 우리 모든 사람은 살아 있을 동안에 그 길을 발견하고 그 길로 가야 합니다.

이 땅을 살아가는 동안 우리는 공부, 직장, 결혼, 사업 등 많은 중대사들을 만나게 됩니다. 그러나 그것들보다 더 중요하고 시급하며 본질적인 것은 하나님께로 돌아가는 '그 길'을 찾아서 '그 길'로 가는 것입니다(신 30:15-20; 호 6:1; 암 4:6; 행 9:35, 14:15).

나는 지금 어디로 가고 있는가?

당신은 지금 이 두 가지 길 중 어느 길로 가고 있습니까? 당신이 지금 어디로 가고 있는지를 알지 못한다면 아마도 당신은 지금 지옥을 향해 가고 있을 것입니다. 지옥을 향해 가는 길의 마지막 도착지는 지옥입니다. 그곳은 한번 들어가면 다시는 나올 수 없는 곳이며, 그곳에서는 영원히 말할 수 없는 고통을 당하게 됩니다(마 25:41). 부모님이 예수를 믿었다고 해서 저절로 천국 가는 길에 들어서는 것은 아닙니다.

'길'이란 말은 영어로 'way'라고 합니다. 'way'라는 단어는 '길'이라고 해석하기도 하며 '방법'이라고 해석하기도 합니다. 다시 말하면, 예수님은 우리가 하나님께로 돌아갈 수 있는 길이 되시며, 또한 방법이 되십니다. 성경은 그 방법을 가리켜 '예수님을 믿기만 하면 천국으로 갈 수 있다'고 말합니다. 그러나 예수님을 믿으면 천국에 간다는 것을 머리로는 알 것 같으면서도 누가 물으면 선뜻 자신 있게 대답하기가 쉽지 않습니다. 그렇다면 예수님을 믿는다는 것은 무슨 의미일까요? 어떻게 해야 예수님을 믿고 천국에 갈 수 있을까요?

예수님을 믿는 것에는 3가지의 내용(롬 10:9)이 포함되며, 2가지의 방법(롬 10:10)이 있습니다. 먼저 다음 말씀을 살펴보겠습니다.

> 네가 만일 네 입으로 예수를 **주**로 시인하며 또 하나님께서 그를 **죽은 자** 가운데서 **살리신** 것을 네 마음에 믿으면 **구원**을 받으리라.
>
> 롬 10:9

로마서 10장 9절의 말씀에는 구원을 얻는 믿음에 담긴 3가지 내용이 분명하게 기록되어 있습니다.

1. 예수님을 주로 시인하는 것
2. 예수님의 십자가 대속의 죽음을 믿는 것
3. 예수님의 몸의 부활을 믿는 것

교회에 다니는 사람들 중에도 위의 세 가지 내용을 알지 못하거나, 알더라도 물으면 자신 있게 대답하지 못하는 사람들이 많습니다. 심지어 어떤 사람들은 예수님의 죽음과 부활만 믿으면 구원을 받는다고 말하기도 합니다(그들은 고린도전서 15장 1~4절을 복음의 내용으로 잘못 알고 있습니다. 고린도전서 15장은 부활을 설명하는 장으로, 부활을 말씀하시기 위해 먼저 죽음을 말씀하시고 그 다음에 부활을 말씀하신 것입니다. 그러므로 이것은 복음의 내용의 일부일 뿐 전부는 아닙니다).

고린도전서 15장 3~4절은 예수님께서 그리스도(구주)가 되기 위해서 하신 일(사역)이 성경대로 죽으시고 성경대로 사흘만에 다시 살아나신 것이라고 말합니다. 그래서 이들이 고린도전서 15장 1~4절을 복음의 내용으로 알고 세운 이론에서는 예수님을 주로 시인하는 것이 구원받은 후의 성화 과정에서 필요하다고 말합니다. 하지만 이는 이들이 성경을 일부분만 이해하기 때문에 그렇게 말하는 것입니다. 그들의 주장과 같이 예수님의 죽음과 부활만 믿어도 구원을 받는다면 로마서 10장 9절의 말씀이나 성경 전체를 바로 설명할 수가 없습니다. 성경은 먼저 예수님을 주로 시인하고, 거기에 더하여 죽음과 부활을 믿어야 한다고 말하고 있음을 우리는 주목해야 합니다.

오순절 성령 충만을 받은 후에 한 첫 설교에서부터 베드로 사도는 하나님이 예수님을 주(왕)와 그리스도(구주)가 되게 하셨다고 말했습니다.

> 너희가 십자가에 못 박은 이 **예수**를 하나님이 **주**와 **그리스도**가 되게 하셨느니라. 행 2:36

그리고 또 성경은 "믿고 주께로 나아오는 자가 더 많으니 남녀의 큰 무리더라"(행 5:14)고 기록하고 있습니다. 또 "너희가 나무에 달아 죽인 예수를 우리 조상의 하나님이 살리시고 이스라엘에게 회개함과 죄 사함을 주시려고 그를 오른손으로 높이사 임금(주)과 구주로 삼으셨느니라"(행 5:30-31)고 말하고 있습니다. 사도행전의 기록을 보면 사도들이 예루살렘 교회에서 처음부터 예수님의 주(왕) 되심을 가르친 흔적을 살펴볼 수 있습니다. 그 결과 사람들이 주께로 돌아왔으며(행 9:35), 많은 사람이 주를 믿었습니다(행 9:42).

베드로 사도는 가는 곳마다 처음부터 예수님이 주님이시라고 가르쳤으며, 그의 가르침을 받은 초대 교회 성도들 역시 처음부터 예수님을 주님으로 마음에 받아들이고 믿었습니다. 그래서 그들이 순교의 신앙을 가질 수 있었던 것입니다. 하지만 대부분의 한국 교회에서는 처음부터 예수님이 주님이심을 철저히 가르치지 않아 교회 안에서의 생활과 교회 밖에서의 생활이 다른 이중적인 교인들을 양성하게 되었고, 그 결과 사회로부터 비난을 받고 있습니다.

베드로 사도가 고넬료의 집에 가서 맨 처음 전한 말씀 역시 예수님이 주가 되시며 그리스도가 되신다는 사실이었습니다.

> 만유의 **주 되신** 예수 그리스도로 말미암아 화평의 복음을 전하사. 행 10:36

시리아 안디옥에 처음으로 복음을 전한 사람들도 예수님이 주님이심을 전했습니다.

> 구브로와 구레네 몇 사람이 안디옥에 이르러 헬라인에게도 말하여 **주** 예수를 전파하니 **주**의 손이 그들과 함께 하시매 수많은 사람들이 믿고 **주**께 돌아오더라.
>
> 행 11:20-21

바나바도 시리아 안디옥에 가서 "모든 사람에게 굳건한 마음으로 주와 함께 머물러 있으라"(행 11:23)고 가르친 결과 처음으로 안디옥에서 "그리스도인"(행 11:26)이라는 말을 듣게 되었습니다. 모든 교회가 사람들에게 예수님이 주님이심을 처음부터 철저히 가르쳐야 그들이 진정한 그리스도인이 됩니다. 사도 바울도 1차, 2차, 3차 선교로 나갔을 때 처음부터 예수님이 믿는 자들의 주 되심을 분명히 가르쳤습니다.

> 이방인들이 **주**께 돌아온 일을 말하여 형제들을 다 크게 기쁘게 하더라. 행 15:3

이것은 바울 사도가 1차 선교 후 예루살렘 총회에 참석하기 위해 예루살렘으로 올라가던 길에 베니게와 사마리아의 모든 교회에 선교의 내용을 보고했을 때 있었던 일입니다.

바울 사도는 3차 선교를 하던 중 마케도니아에서 고린도 교회에게 편지를 쓰면서 자신이 2차 선교를 할 때에 고린도에서 예수님이 주 되심을 가르쳤다고 말했습니다.

> 우리는 우리를 전파하는 것이 아니라 오직 그리스도 예수의 **주** 되신 것과 또 예수를 위하여 우리가 너희의 종 된 것을 전파함이라. 고후 4:5

바울이 3차 선교에 한 일에 관해서는 "너희가 그리스도 예수를 주로 받았으니"(골 2:6)라는 기록을 살펴볼 수 있습니다. 로마서 10장 9절뿐 아니라 신약 성경 전체가 예수님을 주(하나님의 아들)로 시인하고, 또 예수님의 죽음과 부활을 믿어야 구원을 받는다고 말하고 있습니다. 예수님이 주님이 되신다는 것은 초대 교회 때부터 아주 중요한 신앙고백이었습니다. 잠시 예수님께서 친히 하신 말씀을 살펴보겠습니다.

영생은 곧 유일하신 참 하나님과 그가 보내신 자 예수 그리스도를 **아는 것**이니이다. 요 17:3

'영생은 예수님을 믿는 것이다' 라고 말씀하셨으면 이해가 잘 되었을 텐데, '아는 것' 이라고 표현하시니 말씀의 의미를 이해하기가 좀 어렵습니다. 이 말씀은 하나님과 예수님의 존재(본질, 본성)를 깊이 알지(골 1:10; 벧후 1:2) 못하면 영생을 얻지 못한다고 말하고 있습니다. 구약에서도 선지자는 "우리가 여호와를 알자 힘써 여호와를 알자"(호 6:3)고 말씀하십니다. 이스라엘은 하나님께서 만민 중에서 특별히 택한 민족이지만, 여호와 하나님을 잘 알지 못해 나라와 민족이 망하게 되었습니다. "내 백성이 지식(하나님을 깊이 아는 지식)이 없으므로 망하는도다"(호 4:6).

그를 아노라 하고 그의 계명을 지키지 아니하는 자는 거짓말하는 자요 진리가 그 속에 있지 아니하되. 요일 2:4

예수님을 안다는 말은 예수님이 누구신지를 알고, 믿으며, 행동으로 옮기는 것까지를 의미합니다. 예수님을 알고, 믿고,

신앙생활을 한다면서 그의 계명, 곧 서로 사랑하라고 하신 주님의 말씀을 따르지 않고 서로 원망하고 비판하며 미워하는 것은 예수님을 잘 알고 믿는 참 믿음을 가졌다고 할 수 없습니다(약 3:14-16).

이스라엘은 하나님의 택한 백성이었지만 하나님을 잘 알지 못해 우상도 섬기고 하나님도 섬기는 죄를 범했습니다. 뿐만 아니라 그들은 하나님보다 다른 나라를 더 의지하다 바벨론에 포로로 잡혀가기까지 했습니다. 바벨론에 포로로 잡혀간 유대인들은 여호와 하나님을 믿는 선민인 자신들이 왜 바벨론 포로로 잡혀와야 했는지 그 이유를 이해할 수가 없었습니다. 하지만 하나님은 그렇게 된 가장 큰 이유에 대해 에스겔 6장에서 39장까지 후렴과 같이 반복하시며 "너희가 나를 여호와인 줄 알리라"고 60번 이상이나 기록하게 하십니다. 하나님이 그렇게 많이 기록하게 하신 이유는 이스라엘 사람들이 원래는 여호와 하나님을 믿고, 하나님께 제사를 드리며 섬겼으나 자신들이 하나님을 잘 알지 못했으며 또 하나님의 택한 백성임을 잘 알지 못해 나라가 망하고 포로가 된 것임을 알게 하기 위해서였습니다.

이스라엘 사람들에게 제사보다 더 중요했던 것은 바로 하나님을 잘 아는 것이었습니다(사 1:11). 하나님이 예레미야 선지자를 통해 포로로 잡혀간 이들에게 하신 말씀이 무엇입니까? "내가 여호와인 줄 아는 마음을 그들에게 주어서 그들이 전심으로 내게 돌아오게 하리니 그들은 내 백성이 되겠고 나는 그들의 하나님이 되리라"(렘 24:7). 하나님과 예수님을 잘 알지 못하면 바른 믿음을 가질 수 없습니다.

번제보다 **하나님을 아는 것**을 원하노라. 호 6:6

성경학자들은 번제가 헌신을 상징한다고 해석합니다. 그리고 우리는 하나님께 헌신하는 것을 대단히 성숙한 신앙으로 인정합니다. 하지만 그 헌신보다 더 귀한 것이 하나님을 바로 아는 것이라고 성경은 말하고 있습니다. 하나님을 바로 알지 못하는 사람이 성숙한 신앙을 갖는 것은 불가능한 일입니다.

신약 시대에는 예수님의 본질을 잘 알지 못하면 영생이 없다고 말했습니다(요 17:3). 바울 사도가 예수님을 알고 난 후 했던 말을 생각해 봅시다.

> 그러나 무엇이든지 내게 유익하던 것을 내가 그리스도를 위하여 다 해로 여길뿐더러 또한 모든 것을 해로 여김은 **내 주 그리스도 예수를 아는 지식이 가장 고상하기 때문이라** 내가 그를 위하여 모든 것을 잃어버리고 배설물로 여김은 그리스도를 얻고 그 안에서 발견되려 함이니.
>
> 빌 3:7-9

바울 사도는 좋은 가정에서 태어나 공부를 많이 한 지식인으로, 매우 똑똑한 사람이었습니다. 사회적으로 얼마든지 성공할 수 있는 재능을 가졌던 그였지만, 예수님을 만난 후 이 세상에서 예수님을 아는 지식보다 더 고상한 지식은 없다고 고백합니다. 뿐만 아니라 그는 지금까지 자기에게 유익했던 모든 것을 해로 여기며, 배설물같이 생각한다고 말했습니다. 예수님에 대해 깊이 알지 못하고, 그분과 인격적인 관계 안에서 사랑의 교제를 나누지 못한다면 당신의 신앙은 아직 어리거나 문제가 있을 수 있습니다.

예수님에 대해 더 잘 알기 원한다면 먼저 사복음서를 보아야 합니다. 사복음서는 대부분 '예수 그는 누구신가?' 에 대해 기록하고 있습니다.

- 마태복음: 1~26장에서는 '예수 그는 누구신가?' 에 대해, 27장에는 죽음에 대해, 그리고 28장에는 부활에 대해 기록
- 마가복음: 1~14장에서는 '예수 그는 누구신가?' 에 대해, 15장에는 죽음에 대해, 그리고 16장에는 부활에 대해 기록
- 누가복음: 1~22장에서는 '예수 그는 누구신가?' 에 대해, 23장에는 죽음에 대해, 그리고 24장에는 부활에 대해 기록
- 요한복음: 1~18장에서는 '예수 그는 누구신가?' 에 대해, 19장에는 죽음에 대해, 20장에는 부활에 대해, 21장에는 부활 이후에 대해 기록

사복음서가 다 같이 '예수 그는 누구신가?' 에 대한 내용을 죽음과 부활보다 더 많이 기록하고 있는 것은, 심지어 마태, 마가, 누가복음이 70% 정도나 같은 내용을 반복해서 기록하고 있는 것은 예수님의 존재와 그분의 인격을 아는 것이 그만큼 중요하기 때문입니다. 요한복음에는 일곱 번이나 "나는…이다"라는 표현이 나옵니다. 이것은 구약에서 여호와 하나님이 자신을 나타낼 때에 하셨던 표현으로, 예수님이 누구신지를 나타내고 있습니다. 마찬가지로 요한복음에 일곱 가지 표

적이 기록된 이유도 예수님이 누구신지를 사람들에게 분명히 알리고 믿게 하기 위해서입니다.

파스칼은 "예수를 바로 알면 모든 사물의 목적을 바로 안다"고 말했습니다. 다시 말해 예수를 모르면 하늘에 있는 것이나 땅에 있는 것이나 모든 사물을 바로 알 수 없다는 말입니다. 그렇습니다. 예수님을 모르면 영생뿐 아니라 모든 사물을 모른다는 것이 진리입니다. 솔로몬은 하나님(예수님)을 알지 못하는 삶은 모든 것이 바람을 잡는 것과 같으며(전 1:14), 헛되고 헛되며 헛되고 헛되다(전 1:1)고 말합니다. 성경은 하나님(예수님)을 알지도 못하고, 그분을 믿지도 않는 사람들에 대해 이렇게 말합니다.

> 그들은 아침 구름 같으며 쉬 사라지는 이슬 같으며 타작 마당에서 광풍에 날리는 쭉정이 같으며 굴뚝에서 나가는 연기 같으리라. 호 13:3

구원에 관해 가장 잘 기록하고 있는 책은 로마서입니다. 하지만 로마서가 구원에 관해 가장 잘 기록하고 있다고 해서 로마서를 복음서라고 부르지는 않습니다. 마태, 마가, 누가, 요한복음을 복음서라고 합니다. 그것은 이 책들이 복음의 내용을 기록하고 있기 때문입니다. 로마서는 사복음서에 기록된 복음을 믿어 구원을 받고 의로워지는 방법을 말하고 있습니다. 방법도 중요하지만 내용이 더 중요합니다. 사복음서에 기록된 내용의 대부분은 '예수 그는 누구신가?' 하는 것입니다. 그리고 그 다음에 십자가에서의 대속의 죽음과 몸의 부활을 말하고 있습니다.

나사렛 동네에서 목수로 사셨던(막 6:3), 물로 포도주를 만드셨던, 귀신과 바람과 파도도 그분의 말씀에 순종했던, 보리떡 다섯 개로 오천 명이 먹고 열두 바구니가 남게 하셨던, 죽어서 장사 지냈던 나사로를 살리셨던, 이 '예수가 누구신지'를 먼저 알아야 영생을 얻게 됩니다.

예수님은 제자들에게 "사람들이 나를 누구라 하느냐?"고 물으신 후에 3년간 훈련받은 제자들에게 다시 "너희는 나를 누구라 하느냐?"고 물으셨습니다(마 16:15; 막 8:29; 눅 9:20; 요 9:17). 이것이 바로 복음의 핵심 내용이며, 그리스도를 믿는 사람이 가장 먼저 알아야 할 지식입니다. 주님의 질문에 베드로는 "주는 그리스도시요 살아 계신 하나님의 아들이시니이다"

(마 16:16)라고 고백했습니다. 이 고백은 예수님이 하나님의 아들이시요, 또한 그리스도시라는 것입니다. 제가 말하고 있는 핵심이 그대로 담긴 고백입니다. 베드로의 신앙고백을 들으신 후에야 예수님은 자신의 죽음과 부활을 "이때부터…비로소" 공적으로 말씀하시기 시작했습니다(마 16:21; 막 8:31; 눅 9:22).

'이때부터' 라는 것은 베드로가 신앙고백을 잘한 바로 그때를 일컫는 것입니다. 베드로가 신앙고백을 하기 전에는 예수님께서 자신의 죽음과 부활에 관해 말씀하지 않으셨습니다. 결국 예수님이 누구신지를 알기 전에는 예수님의 죽음과 부활은 말할 필요도 없다는 것입니다. 예수님이 누구신지를 알지 못하면 죽음과 부활은 아무런 의미도 없기 때문입니다.

예수님은 왕이시지만(마태복음), 종의 삶을 사셨으며(마가복음), 또한 완전한 사람이시며(누가복음), 완전한 하나님이십니다(요한복음). 예수님을 주로 시인하는 것이 주님이 십자가에서 죽으신 것과 부활하신 것보다 더 먼저이며, 더 중요합니다. 예수님의 죽음과 부활을 믿으면서도 아직 예수님을 주로 시인하지 않았다면 당신은 아직 구원받지 못한 사람일 수도 있습니다(롬 10:9).

어떻게 예수님을 믿어야 하는가?

그렇다면 우리는 어떻게 예수님을 믿어야 할까요? 다음 말씀을 살펴보겠습니다.

> 사람이 **마음으로 믿어** 의에 이르고 **입으로 시인하여** 구원에 이르느니라. 롬 10:10

로마서 10장 10절에는 예수님을 믿는 2가지 방법이 분명하게 기록되어 있습니다.

1. (믿음의 세 가지 내용을) 마음으로 믿어야 합니다.
2. (믿음의 세 가지 내용을) 입으로 시인해야 합니다.

우리는 예수님을 믿으면 죄 사함을 받고 영생을 얻는다고 말합니다. 그래서 그 정도만 알고 신앙생활 하면서 집사가 되고, 장로가 되고, 목사가 됩니다. 많은 사람들이 믿음의 내용과 방법도 잘 모르면서 그냥 교회에 다닙니다.

하지만 앞에서 말한 믿음의 3가지 내용과 2가지 믿는 방법은 신앙생활에 있어서 가장 중요한 기초이며, 기독교 신앙의 핵심입니다. 그래서 이러한 기본을 알지 못한 채 교회에 다니면 신앙이 자라지 않아 언제나 어린아이의 신앙에 머물게 됩니다. 다른 사람들은 교회에 다니면 마음이 평안하고 기쁘다고 하는데 그에게는 그와 같은 기쁨이 없습니다. 세상에 영향을 주지도 못하는 무기력한 교인으로 살아갈 뿐 아니라, 자주 시험에 들며, 믿음이 흔들리기도 합니다. 교회에 다니는 것이 별로 기쁘지 않습니다.

믿음의 기초(뿌리)를 모르는 사람에게는 믿음의 발전도, 마음의 기쁨도 없어 교회에 가지 않으면 불안하지만 가도 특별한 것이 없어 쉽게 목회자를 원망하거나 교회를 비난하게 됩니다. 그런 사람은 영적으로 어린아이든지(고전 3:3) 아니면 영적으로 병든 사람들입니다(약 3:15). 육적으로는 건강하지만 영적으로 병든 사람들이 교회 안에 생각보다 많이 있어 교회가 세상의 빛과 소금의 역할을 하지 못하고 있습니다.

세상의 모든 것에 기초(뿌리)가 필요한 것같이 신앙생활에도 기초가 가장 중요합니다. 그러나 교회에 다니는 많은 사람들이 이러한 기초부터 철저히 알아야겠다는 마음을 갖지 않습니다. 그것은 본인들에게는 불행한 일이요, 교회로서는 하나님 앞에 책임져야 할 문제입니다. "내 백성이 지식(여호와를 아는 지식)이 없으므로 망하는도다"(호 4:6), "(여호와가 하나님인 줄) 깨닫지 못하는 백성은 망하리라"(호 4:14), "내 백성이 무지함(하나님을 잘 알지 못함)으로 말미암아 사로잡힐 것이요"(사 5:13)라고 하나님은 말씀하셨습니다.

구원 얻는 믿음에는 3가지 내용이 있으며, 그 3가지 내용을 믿는 방법에는 2가지가 있습니다. 그러므로 이 사실을 반드시 기억하고 믿어야 합니다. 성경은 마음으로 믿지 않으면서 입으로만 '주여 주여' 하는 사람들에 대해 다음과 같이 말하고 있습니다.

> 나더러 **주여 주여** 하는 자마다 다 천국에 들어갈 것이 아니요 다만 하늘에 계신 내 아버지의 뜻대로 행하는 자라야 들어가리라 그 날에 많은 사람이 나더러 이르되 **주여 주여** 우리가 **주의** 이름으로 선지자 노릇 하며 **주의** 이름

으로 귀신을 쫓아 내며 **주의** 이름으로 많은 권능을 행하지 아니하였나이까 하리니 그 때에 내가 그들에게 밝히 말하되 내가 너희를 도무지 알지 못하니 불법을 행하는 자들아 내게서 떠나가라 하리라. 마 7:21-23

마음으로 주님을 믿지 않고 입으로만 '주여 주여' 하는 자들은 목사가 되거나, 장로가 되거나, 기도해서 병든 사람들을 많이 고쳤거나에 상관없이 마지막 주님의 심판대 앞에 섰을 때 주님으로부터 '나는 너를 모른다. 내게서 떠나가라'는 말씀을 듣게 된다고 성경은 말합니다. 이 말씀은 "이 백성이 입으로는 나를 가까이 하며 입술로는 나를 공경하나 그들의 마음은 내게서 멀리 떠났나니…나를 헛되이 경배하는도다"(사 29:13; 막 7:6)라고 구약에 이미 예언된 말씀과 동일한 것입니다. 그러므로 믿음의 3가지 내용을 반드시 알고, 마음으로 믿으며, 입으로 시인해야 합니다.

누구든지 사람 앞에서 나를 **시인**하면 나도 하늘에 계신 내 아버지 앞에서 그를 **시인**할 것이요 누구든지 사람 앞에서 나를 **부인**하면 나도 하늘에 계신 내 아버지 앞에서

더러 교회에 다니는 사람들 중에 머리로 깨달은 지식을 믿음으로 잘못 아는 사람들이 있습니다. 우리는 예수님이 누구신지를 분명히 알고 마음으로 믿어야 합니다. 성경에서 우리는 예수님과 함께 있던 제자들이 아직 예수님이 누구신지를 잘 모르고 있던 때에, 귀신들은 이미 처음부터 예수님이 누구신지를 정확하게 알고 있는 것을 볼 수 있습니다. 그래서 예수님께 "지극히 높으신 하나님의 아들 예수여"(막 5:7)라고 말합니다. 하지만 이렇게 예수님을 잘 안다고 해서 귀신들이 구원을 받지는 않습니다. 귀로 말씀을 듣고, 머리로 깨달아 안 후에 그 말씀을 마음에서 믿음으로 받아들이고, 또한 그것을 입으로 시인해야 합니다.

모세를 따라 애굽에서 나왔던 60만 장정들은 위대한 하나님의 종 모세의 설교를 40년 동안이나 들었으며, 물이 갈라진 홍해도 직접 건넜습니다. 그들은 반석에서 솟아나는 물을 마셨으며, 시내 산 위에 하나님의 영광인 불이 있는 것을 보았고, 하나님의 음성도 직접 들었습니다. 하지만 그중 여호수아와 갈렙만 약속의 땅에 들어가고 다른 사람들은 다 광야에서 죽었습니다. 이는 그들이 들은 말씀을 그들의 마음에서 믿음으로 화합하지 못했기 때문입니다.

> 들은 바 그 말씀이 그들에게 유익하지 못한 것은 듣는 자가 믿음과 결부시키지 아니함이라. 히 4:2

참된 믿음은 귀로 듣거나, 눈으로 본 말씀을 머리로 깨달으며, 마음으로 믿고, 그 믿는 것을 입으로 시인하는 것입니다. 입으로 시인한다는 말은 순종하는 것을 의미합니다. 성경은 귀신도 하나님이 한 분이신 것을 믿는다고 말합니다(약 2:19). 하지만 하나님이 한 분이심을 믿는다고 해서 귀신들이 구원을 받지는 않습니다. 참으로 하나님을 믿는다면 하나님의 말씀에 순종해야 합니다.

그러므로 참된 믿음이란 말씀을 지적으로 깨달아 알고, 감성적으로 그것을 마음에 받아들이며, 의지적인 행동으로 옮기는 것을 말합니다. 다시 말해 전 인격이 예수님을 주와 구주로 마음에 받아들이고, 믿음으로 행하는 것입니다.

예수님을 믿어 구원을 얻으려면 먼저 예수님이 주님이신

것을 시인해야 합니다. 예수님을 주님으로 시인한다는 것은 이 땅에 오셔서 우리와 같은 사람이 되어 나사렛이란 동네에 사셨던, 마리아의 아들 그 예수님이 하나님의 아들이시며, 또한 나의 주인이심을 고백하는 것입니다.

또한 무엇인가의 주인이 되려면 다음과 같은 조건을 충족시켜야 합니다.

1. 자기가 만들면 그 물건의 주인이 됩니다.
2. 돈을 주고 사면 그 물건의 주인이 됩니다.
3. 선물로 받으면 그 물건의 주인이 됩니다.

예수님은 우리를 만드셨고, 자기 피로 우리를 사셨으며, 또한 하나님 아버지로부터 우리를 선물로 받으셨으므로 이미 삼중으로 우리의 주인이 되셨습니다. 지금부터 그것에 대해 말씀드리도록 하겠습니다.

2부

구원의 복음

네가 만일 네 입으로 예수를 주로 시인하며 또 하나님께서 그를 죽은 자 가운데서 살리신 것을 네 마음에 믿으면 구원을 받으리라.

롬 10:9

chapter 1

예수님은 우리의 주인이 되십니다

예수님이 자신의 주님이심을 시인하는 것이 믿음의 첫 번째 내용입니다. "네가 만일 네 입으로 예수를 주로 시인하며"(롬 10:9). 우리의 믿음은 예수님을 주로 시인하는 것에서부터 시작해야 합니다.

우리는 예수님이 하나님의 아들로서 우리의 모든 것의 주인이심을 시인해야 합니다. 즉 예수님이 우리 생명의 주인이시며, 우리 삶의 주인이시며, 우리가 가진 모든 물질의 주인이시며, 우리의 시간의 주인이시라는 것입니다.

예수님이 우리를 지으셨으므로 우리의 주인이 되십니다

우리는 일반적으로 만물을 창조하시고, 우리를 지으신 분이 성부 하나님이라고 알고 있습니다. 하지만 정확하게 말하면 삼위의 하나님이 함께 지으셨습니다. 성경은 성부 하나님께서 만물을 지으실 때에 성자 하나님 되시는 예수님을 통해 지으셨다고 말하고 있습니다.

> 하나님(성부)이…**그로**(아들로) 말미암아 모든 세계를 **지으셨**느니라. 히 1:1-2

히브리서는 이 땅을 창조하실 때에 성부 하나님께서 아들(예수)로 말미암아 모든 세계를 지으셨다고 말하고 있습니다. 다시 말하면 하나님 아버지께서 아들 되시는 예수님에게 모든 만물을 짓도록 하셨다는 것입니다. 성자 하나님 되시는 예수님은 성부 하나님의 뜻에 순종하여 만물을 지으셨습니다.

> 만물이 그에게서 **창조**되되 하늘과 땅에서 보이는 것들과

보이지 않는 것들과 혹은 왕권들이나 주권들이나 통치자들이나 권세들이나 만물이 다 그(아들)로 말미암고 그(아들)를 위하여 **창조**되었고. 골 1:16

하늘이나 땅에서 보이는 것은 모두 하나님의 아들 예수님이 창조하신 것입니다. 보이지 않는 것이란 너무 멀리 있어서 우리 눈으로 볼 수 없는 것과 또 너무 작아서 보이지 않는 것, 그리고 과학적인 모든 원리를 말합니다(사 45:18, 48:13). 또한 왕권, 주권, 권세, 통치자가 그로 말미암았다는 말은 영적인 존재, 즉 천사들까지도 다 성부 하나님께서 그 아들 되시는 예수님을 통해 지으셨다는 말입니다. 뿐만 아니라 만물을 지으신 목적이 '아들을 위해서' 라고 말씀하고 있습니다.

우리 사람들도 예수님을 위해 지음 받았습니다. 모든 물건은 지음 받을 때에 다 그 목적을 가지고 있습니다. 지음 받은 물건이 지은 주인의 목적에 맞지 않으면 버려지게 되어 있습니다. 예수님께서 사람을 지으실 때에 무슨 목적으로 지었는지에 대해 성경은 이렇게 말하고 있습니다.

내가 **내 영광**을 위하여 **창조한 자**를 오게 하라 그를 내가 **지었고** 그를 내가 **만들었느니라.** 사 43:7

그런즉 너희가 먹든지 마시든지 무엇을 하든지 다 하나님의 **영광**을 위하여 하라. 고전 10:31

하나님께서 예수님을 통해 사람을 지으신 목적은 다 하나님의 영광을 위해서입니다. 사람이 살아가는 데 필요한, 가장 기본적이며 중요한 것은 먹는 것과 마시는 것입니다. 하지만 우리 삶에는 그것보다 중요한 것이 있으며, 그것은 바로 하나님의 영광을 위해 사는 것입니다(사 42:8, 48:11). 교회 내에서 보면 가끔 자기의 이권이나 기득권, 자존심 때문에 하나님의 영광을 욕되게 하는 일들이 있는데, 하나님은 하나님의 교회 안에서나(전 5:1-2; 합 2:20), 교회 밖에서나 하나님의 영광을 가리는 행동을 용서하지 않으십니다(삼상 2:30; 행 12:23).

예수님께서 이 우주 가운데 지으신 모든 만물은 창조주 하나님의 목적에 따라 순종하고 있으나, 사탄과 사람만은 하나님의 창조하신 목적에 불순종하고 있습니다.

> 천지가 주의 규례들대로 오늘까지 있음은 만물이 주의 종이 된 까닭이니이다. 시 119:91

그렇다면 지금 당신은 하나님의 창조하신 목적에 맞게 살아가고 있습니까?

> 만물이 **그**(예수)로 말미암아 **지은 바 되었으니** 지은 것이 하나도 **그**(예수)가 없이는 된 것이 없느니라. 요 1:3

성경은 하나님께서 만물을 지으실 때에 예수님을 통해 지으신 사실을 반복해서 말하고 있습니다. '하나도 그(예수)가 없이는 된 것이 없다' 고 하셨으므로, 비록 당신이 마음으로 예수님을 인정하지 않거나, 예수님을 믿지 않거나, 혹 다른 종교를 믿는다고 해도 당신이 예수님에 의해 지음 받은 피조물인 것만은 분명한 사실입니다. 당신에게 생명을 주신 분이 예수님이시며, 지금까지 당신의 생명을 보존해 주시는 분도, 그리고 마지막에 당신의 생명을 취해 가실 분도 예수님이십니다.

당신이 예수님을 인정하지 않고, 믿지 않는다고 해도 당신이 이 세상을 살아가는 동안 삶에 필요한 모든 것과 마음에 즐

거움을 공급해 주시는 분은 예수님이십니다(전 5:19). 그리고 이 세상을 떠나면 당신은 반드시 예수님의 심판대 앞에 서게 될 것입니다(계 20:12). 그때가 되면 당신은 당신을 지으시고 살아가게 하신 예수님을 믿지도 않고, 그분께 영광을 돌리지도 않은 것에 대한 책임을 져야 합니다(롬 1:21).

하나님께서 만물을 그의 아들 되시는 예수님을 통해 지으셨다면, 구약에서 "주께서 내 내장을 지으시며 나의 모태에서 나를 만드셨나이다"(시 139:13)라고 하신 말씀의 그 '주'는 바로 성자 하나님이신 예수님을 가리키는 것입니다.

시편 기자는 "하나님이여 주의 보좌는 영원하며 주의 나라의 규는 공평한 규이니이다"(시 45:6)라고 고백합니다. 히브리서 1장 8절에서는 시편 45편 6절에 나오는 그 '주'가 바로 예수님이라고 말하고 있습니다. 또한 히브리서 1장 10절에서도 시편 102편 25절의 "주께서 옛적에 땅의 기초를 놓으셨사오며 하늘도 주의 손으로 지으신 바니이다" 하는 말씀 속의 '주'가 예수님이라고 기록하고 있습니다. 그러므로 예수님이 우리의 주님(주인)이십니다.

예수님께서 우리를 지으신 분으로서 우리의 주님이 되신다면, 시편 100편 3절에 근거하여 예수님은 우리의 하나님이시며(여호와가 우리 하나님이신 줄 너희는 알지어다), 우리의 창조자이시며(그는 우리를 지으신 이요), 우리의 주인이시며(우리는 그의 것이니), 우리의 왕이시며(그의 백성이요), 우리의 목자가 되십니다(그의 기르시는 양이로다).

예수님을 주님으로 모신다는 것은 예수님이 나의 하나님이시며, 나의 창조자이시며, 나의 주인이시며, 나의 왕이시며, 나의 목자(시 23:1; 요 10:11)가 되심을 시인하는 것입니다.

예수님이 나의 어머니의 태에서 나를 지으셨으므로 나의 주인(주님)이 되시는 것입니다. 우리는 이 땅의 그 어떠한 일보다 먼저 이 사실을 시인해야 합니다.

> 우리에게는 한 하나님 곧 아버지가 계시니 만물이 그에게서 났고 우리도 그를 위하여 있고 또한 한 주 예수 그리스도께서 계시니 만물이 그로 말미암고 우리도 그로 말미암아 있느니라. 고전 8:6

모든 만물은 하나님 아버지로부터 시작됩니다. 그리고 만물이 성부 하나님으로부터 시작하였으나 예수님으로 말미암아 존재하게 되었다고 성경은 말합니다. 성경은 이 우주에 있는 모든 것이 예수님을 통해 지어진 사실을 거듭해서 말하고 있습니다. 사람도 근본은 성부 하나님으로부터 시작되지만 다 주 예수 그리스도를 통해 존재하게 되는 것입니다.

과학자들은 빛이 1초 동안에 지구를 일곱 바퀴 반(약 30만 Km) 돈다고 말합니다. 그리고 그 빛의 속도로 지구에서 가장 가까운 은하계의 별까지 가는 데는 3,300년이 걸리며(최근에는 더 가까운 별을 발견했다는 말도 있습니다), 은하계의 직경을 통과하는 데는 빛의 속도로 10만 년이나 걸린다고 합니다. "신앙계" 1990년 10월호에 글을 게재한 한 천문학자는 이 우주에 은하계와 같은 것이 1천억 개쯤 있는 것으로 보인다고 말하고 있습니다.

우리가 상상할 수도 없는 크고 광대한 우주 만물을 만드시고 섭리하시는 하나님의 아들 예수님이, 이 우주에 비하면 먼지의, 먼지의, 먼지보다 더 작은 나를 살리기 위해 채찍에 맞으시고, 가시관을 쓰시고, 내 대신 십자가에서 죽으시며, 나의 죄 값을 지불하셨다는 것은 하나님의 긍휼과 사랑과 은혜 외에는 다른 말로 표현할 수가 없습니다.

> 나를 사랑하사 나를 위하여 자기 자신을 버리신 하나님의 아들을 믿는 믿음 안에서 사는 것이라. 갈 2:20

과학자들은 또한 우리 눈 속에 1억 3천만 개의 광선수신 조직체가 있으며, 7백만 개의 광선감지 신경조직이 있다고 말합니다. 코는 15,000가지의 냄새를 구별하며, 혀는 1,400가지의 맛을 구별한다고 합니다. 이 모든 것은 우리 부모님이 만들 수 없는 것들입니다. 예수님은 광대한 우주도 지으시고, 지극히 작고 섬세한 몸의 조직체도 지으신 전능하신 성자 하나님이십니다. 아멘.

예수님이 자기의 피로 우리를 사셨으므로 우리의 주인이 되십니다

자신이 만들지 않은 어떤 물건의 주인이 되려면 돈을 주고 물건을 사면 됩니다. 예수님도 자기 피로 우리를 사셨으므로 우리의 주님(주인)이 되십니다.

> 각 족속과 방언과 백성과 나라 가운데에서 사람들을 (자기) 피로 **사서** 하나님께 드리시고. 계 5:9

사람은 태어나는 그 순간부터 죄의 종이 되었습니다. 성경은 "너희가 본래 죄의 종이더니"(롬 6:17)라고 말하고 있습니다. 인류의 조상 아담이 하나님께 불순종하여 죄를 범함으로 그 후손은 다 죄의 종으로 이 땅에 태어나게 되었습니다.

뿐만 아니라 모든 사람은 자기가 지은 죄도 있으므로 다 죄의 종이 되었습니다. "죄를 범하는 자마다 죄의 종이라"(요 8:34). 죄의 종은 또한 마귀의 종이 되며(요 8:44), 사망의 종이 되어 하나님과 원수가 됩니다(골 1:21; 히 2:15; 약 4:4). 그러므로 당신이 태어난 그대로 살아간다면 당신은 죽은 후에 반드시 지옥에 가게 될 것입니다.

예수님은 근본 하나님의 본체셨으나(빌 2:6), 죄의 종으로 살다가 이 땅을 떠나면 지옥에 가서 영원히 고통을 당하게 될 인생을 불쌍히 여기셔서 우리를 구원하시려고 우리와 같은 사람이 되어 이 땅에 오셨습니다(눅 19:10; 딤전 1:15). 그리고 십자가에서 죽으실 때에 흘린 피로 우리 사람들의 죄 값을 지불하고 우리를 사셨습니다. 누구든지 그 사실을 인정하고, 예수님을 믿으면, 죄의 종 되었던 삶에서 자유와 해방을 얻게 됩니다. 또한 하나님의 자녀가 되는 복을 누리게 됩니다. 우리는 예수 그리스도를 믿음으로 하나님의 자녀가 되게 하신 하나님께 영광을 돌려야 합니다.

> 너희는 너희 자신의 것이 아니라 **값으로 산 것**이 되었으니 그런즉 너희 몸으로 하나님께 영광을 돌리라.
>
> 고전 6:19-20

예수님은 십자가에서 죽으실 때에 흘린 피로 우리의 죄 값을 지불하고 우리를 사셨습니다. 그래서 사람이 그 사실을 알고 믿으면 그의 몸도 피로 산 것이 되어 예수님이 그 몸의 주인이 되십니다. 사람은 지음 받을 때부터 하나님께 영광을 돌리도록 지음 받았으나(사 43:7), 죄로 말미암아 영광을 돌리지 못하게 되었습니다. 하지만 예수님께서는 자기 피로 사람들을 사신 후 믿는 사람으로 하여금 하나님께 영광을 돌리게 하셨습니다. 예수님께서 그분의 피로 우리를 사셨으므로 예수님이 우리의 주님(주인)이 되시는 것입니다.

예수님이 우리를 선물로 받으셨으므로 우리의 주인이 되십니다

어떤 물건의 주인이 되려면 자신이 만들거나, 값을 주고 사면 됩니다. 그도 아니라면 누군가로부터 선물로 받으면 됩니다. 그러면 주인이 될 수 있습니다. 성경은 하나님(성부)께서 만물과 사람들을 아들 되시는 예수님께 다 선물로 주셨다고 말하고 있습니다.

> 아버지께서 아들을 사랑하사 만물을 다 그의 손에 **주셨으니.**
>
> 요 3:35
>
> 세상 중에서 내게 **주신** 사람들에게 내가 아버지의 이름을 나타내었나이다 그들은 아버지의 것이었는데 내게 **주셨으며.**
>
> 요 17:6

하나님께서는 아들 되신 예수님을 사랑하셔서 만물과 사

람을 다 그에게 주셨습니다. 그래서 우리는 말씀을 통해 예수님께서 모든 만물과 사람을 아버지 하나님께 받아 지금 만물의 주인이요, 또한 사람의 주인이 되셔서 보존하고 섭리하신다는 것을 알 수 있습니다.

예수님께서 아버지께 선물로 받은 만물을 보존하고 섭리하시는 것에 대해 성경은 다음과 같이 기록하고 있습니다.

> 그(예수)의 능력의 말씀으로 만물을 **붙드시며**. 히 1:3
>
> (그는) 자기의 능력 있는 말씀으로 만물을 **보존하시는** 분이십니다. 히 1:3, 표준새번역
>
> 만물이 그(예수) 안에 함께 **섰느니라** 골 1:17
>
> 만물은 그의 안에서 **존속합니다**. 골 1:17, 표준새번역

예수님도 제자들에게 "하늘과 땅의 모든 권세를 내게 주셨다"(마 28:18)고 말씀하셨습니다. 하나님으로부터 모든 권세를 받으신 예수님께서 현재 그 능력의 말씀으로 만물을 보존하시고, 또한 섭리하고 계십니다.

봄, 여름, 가을, 겨울이 오고, 밤이 되고 낮이 되며, 꽃이 피고, 바다의 물결이 일어나는 것을 대부분의 과학자들은 자연적인 현상이라고 말하지만, 그들이 자연적이라고 하는 그것을 성경은 하나님의 아들 되시는 예수님께서 능력의 말씀으로 섭리하셔서 봄이 오고, 여름이 오며, 밤이 되고, 낮이 되는 것이라고 말하고 있습니다.

우리가 사는 이 지구는 떠받치는 기둥도 없이 매우 위험하게 공중에 떠있습니다. 어떻게 지구가 공중에 떠 있으면서도 그렇게 정확하고 빠른 속도로 자전(780Mile/h; 1,248Km/h)과 공전(7만 Mile/h; 112,000Km/h)을 하는지, 그리고 그러면서도 어떻게 일정한 궤도를 벗어나지 않고 돌아가는지, 어떻게 그리 오랫동안 공중에 떠 있을 수 있는지 의문이 생깁니다. 과학자들은 그것을 태양의 인력 때문이라고 말하지만, 성경은 그 인력이 하나님의 아들 안에서 (그분의 섭리 가운데) 예수님의 능력의 말씀으로 말미암았다고 말합니다. 태양이 지구를 붙잡게(보존, 존속하게) 한 것이나, 지구가 그 위에 있는 모든 것을 붙잡게(보존, 존속하게) 한 것은 모두 예수님이 능력의 말씀으로 하신 일입니다.

사람이 코로 하루에 25,000번 이상 호흡을 하고, 먹은 음식을 소화시키고, 심장이 하루에 10만 번 이상 뛰고, 귀로 듣고, 입으로 말하고, 눈으로 보는 이 모든 것은 저절로 되는 것이 아니라 예수님께서 섭리하고 계시기 때문에 가능한 것입니다. 우리가 먹은 음식물이 소화되어 몸이 흡수할 수 있는 영양분으로 바뀌는 것, 혈액순환을 통해 온몸으로 영양이 공급되고 몸의 신진대사가 이루어지는 것, 그리고 모든 신경이 작용해 우리가 살아 움직이는 이 모든 것은 자연적으로 되는 것이 아니라 하나님의 아들 예수님의 섭리에 의해 되는 것임을 성령께서는 성경을 통해 우리에게 깨닫게 하시고 가르쳐 주십니다(요 14:26). 그래서 우리가 이 모든 것을 알게 되는 것입니다. 예수님은 우리 몸의 모든 것과 삶을 주관하시므로 우리의 주인이 되십니다.

> 배에서 태어남으로부터 내게 **안겼고** 태에서 남으로부터 내게 **업힌** 너희여. 사 46:3

어머니의 태에서 우리를 지으시고, 조성하시고, 또 태어나게 하신 하나님께서 태어나는 그 순간부터 우리를 안으시고 품어 주셨다고 성경은 말합니다. 하지만 우리는 그와 같은 하나님의 돌보심을 눈으로 볼 수도, 피부로 느낄 수도 없습니다. 그러나 우리가 알지 못하고, 느끼지 못해서 그렇지 성경 말씀이 잘못된 것은 아닙니다. 그렇다면 우리는 이 성경 말씀을 어떻게 해석하고, 어떻게 설명해야 합니까? 참으로 설명하기가 쉽지 않습니다. 그래서 저는 다른 곳에 있는 성경 말씀을 통해 설명하려고 합니다.

욥기 39장 13~17절에 보면 타조에 관한 말씀이 기록되어 있습니다. 타조는 조류지만 다른 새들과 같이 날지는 못합니다. 그리고 자기가 낳은 알이 깨지거나, 들짐승이 그것을 물어 가도 상관하지 않는다고 합니다. 심지어 모래가 데워져 낳은 알이 부화해도 전혀 새끼를 돌보지 않습니다. 어떻게 그럴 수 있을까요? 성경은 그 이유를 17절에 "이는 하나님이 지혜를 베풀지 아니하셨고 총명을 주지 아니함이라"고 기록하고 있습니다. 하나님께서 타조에게 알과 새끼를 사랑하고 돌보는 지혜나 총명을 주시지 않았기 때문에 타조가 자기 알과 새끼를 사랑하지도, 돌보지도 않고 제 새끼가 아닌 것마냥 무관심하다는 것입니다.

만일 하나님께서 우리의 부모들에게 타조의 마음을 주셨다면 이 땅에 살아남을 사람은 한 사람도 없을 것입니다. 하지만 하나님께서는 우리의 부모들에게 자녀를 사랑하는 마음과 안고 싶은 마음, 그리고 품고 싶은 마음을 주셨습니다. 그래서 그 고생을 하면서도 자녀들을 기르고, 안으며, 품고, 돌보는 것입니다. 이것이 하나님께서 '내가 안았다', '내가 품었다'고 하시는 말씀의 의미입니다.

이 말에 "사람이 사람의 마음을 가지지 어떻게 타조의 마음을 가질 수 있느냐"고 반문할 사람도 있을 것입니다. 하지만 다니엘 4장에 보면 바벨론 제국의 대왕이었던 느부갓네살 왕의 마음이 교만해졌을 때 하나님께서 그에게 짐승의 마음을 주셔서 일곱 때를 짐승과 같이 되어 살게 하셨다는 기록이 나옵니다(단 4:16, 25, 33). 바벨론 왕에게 짐승의 마음을 주셨던 하나님께서 왜 우리의 부모에게 타조의 마음을 주시지 못하겠습니까? 하지만 하나님께서는 우리의 부모에게 타조의 마음을 주시지 않고 사람의 마음을 주셔서 사랑으로 우리를 안고 품을 수 있게 하셨습니다. 그러므로 우리는 부모님을 통해 지금까지 살아갈 수 있게 해 주신 하나님께 감사해야 합니다.

너희가 노년에 이르기까지 내가 그리하겠고 백발이 되기까지 내가 너희를 **품을** 것이라 내가 지었은즉 내가 업을 것이요 내가 품고 구하여 내리라. 사 46:4

우리가 지금 살고 있는 것이 하나님과는 아무런 상관없는 일로, 내가 건강에 주의하면 건강하게 잘 살아갈 수 있는 것으로 우리는 생각할 수 있으나, 우리 눈으로 볼 수 없고 느낄 수 없는 하나님의 놀라운 섭리에 의해 백발이 될 때까지 살아갈 수 있는 것입니다. 우리 어머니의 태 속에서 우리를 지으시고, 태어나게 하시고, 태어난 그 순간부터 이 세상에 사는 날까지 우리의 호흡과 신진대사와 혈액순환과 모든 것이 몸 안에서 이루어지게 하시는 것이 바로 하나님(성자 하나님)께서 '다스리시는' 것입니다.

성경은 그것을 하나님께서 '품으셨다', 하나님께서 '안으셨다'라고 표현하고 있습니다. 예수님을 믿는 사람은 물론이고 믿지 않는 사람들까지도 하나님(예수님)께서 노년이 되기까지 품고 안아 주시므로 우리가 살아가게 되는 것입니다.

구약에서는 하나님이라고 기록하고 있지만, 신약 성경을

읽어 보면 그 하나님이 곧 성자 하나님인 예수님이신 것을 알게 됩니다. 그래서 예수님을 믿는 사람들은 이것을 알고 범사에 하나님께 감사하며 살지만(살전 5:18), 믿지 않는 사람들은 이것을 모르고 하나님께 감사하지도, 영광을 돌리지도 않고 자기가 자기 몸 관리를 잘해 살아가는 줄로 압니다. 하나님께 감사하지 않고 살아가는 사람들은 언젠가 하나님의 심판을 받게 될 것입니다(롬 1:21; 히 9:27).

하지만 우리는 하나님께서 안아 주시고, 품어 주시는 것을 느낄 수도, 깨달을 수도 없습니다. 그렇다면 이 말씀을 어떻게 해석하고 설명해야 하는 것입니까? 신약 성경 사도행전에서 바울 사도는 다음과 같이 말합니다.

> 우리가 그(예수)를 힘입어 **살며 기동**하며 **존재**하느니라.
>
> 행 17:28

성경은 지금 우리가 살아가는 것도, 움직이는 것도, 그리고 이 세상에 존재하는 것도 다 그분, 곧 하나님의 아들 예수 그리스도 때문이라고 말합니다. 누가 이 말씀을 아니라고 부정

할 수 있겠습니까? 부정하는 사람이 있을지라도, 예수님 때문에 우리가 살고, 움직이며, 존재하고 있는 것은 내일 아침 해가 동쪽에서 떠오르는 것보다 더 명확한 사실이며, 진리입니다. 많은 사람들이 그것을 알지 못하고 있지만, 우리 모든 사람은 지금 예수님 때문에 살고 있습니다.

> 그(예수)가 만일 뜻을 정하시고 그의 영과 목숨을 거두실진대 모든 육체가 다 함께 죽으며 사람은 **흙으로 돌아가리라.**
>
> 욥 34:14-15

지금이라도 예수님께서 우리가 사는 이 세상을 보존하는 것과 섭리하는 것을 포기하신다면 모든 생물과 사람은 한순간에 다 죽게 된다고 성경은 말합니다. 우리가 살아 있다는 것은 지금도 예수님께서 이 땅을 보존하고 계시다는 증거가 됩니다. 성경에 '기동하며' 라고 표현된 것은 지금 움직이는 모든 것을 가리키는 말입니다. 우리는 내가 가고 싶으면 가고, 눕고 싶으면 눕고, 앉고 싶으면 앉는다고 생각하지만 그것은 사실이 아닙니다.

저는 1979년 4월에 어지럼증에 걸린 적이 있습니다. 한번에 2~3분 정도, 하루에 8~10번 정도 증세가 나타났습니다. 증세가 나타나면 걸을 수도, 운전할 수도, 설 수도 없었습니다. 앉아 있을 때에도 증세가 나타나면 뒤로 넘어져 버렸습니다. 밥을 먹다가 증세가 나타나면 수저가 손에서 떨어져 밥도 먹을 수 없었습니다. 하지만 병원에서도 원인을 찾지 못했습니다. 기도를 했습니다. 그리고 두 달이 지난 어느 날 성경을 읽다가 깨닫게 되었습니다.

> 그(예수)의 능력의 말씀으로 **만물을 붙드시며.** 히 1:3
>
> 내가 누워 자고 깨었으니 여호와께서 **나를 붙드심이로다.** 시 3:5
>
> 만물이 그(예수) 안에 함께 **섰느니라.** 골 1:17

이 말씀을 읽으면서 저는 하나님의 아들 되시는 예수님께서 저를 붙잡아 주시지 않을 때에 저에게 그런 어지럼증이 온다는 것을 알게 되었습니다.

하나님은 그의 아들 예수님을 통해 만물을 지으셨습니다. 그리고 지금은 그 아들 되시는 예수님께서 능력의 말씀으로 지으신 만물을 붙들고 계십니다. 태양이 지구를 붙잡고 있다는 과학자들의 말은 곧 예수님께서 태양으로 하여금 지구를 붙잡게 하셨으므로 태양이 붙잡고 있다는 성경 말씀을 의미하는 것입니다. 지구가 어제와 똑같이 오늘도 변함없이 움직이는 것, 그것이 바로 예수님께서 지금도 보존하고 섭리하신다는 확실한 증거입니다.

저는 또한 하나님(예수님)께서 나를 붙드실 때에만 내가 잠을 자고, 일어나 설 수 있다는 것을 알았습니다(시 139:2). 예수님께서 나를 붙들어 주실 때에만 내가 걸어갈 수 있고, 운전할 수 있고, 밥을 먹을 수 있다는 것도 알았습니다.

하지만 교회에 다니며 구원을 받았다는 사람들 중에도 예수님께서 '나의 앉고 서는 것과 행동하는 모든 것을 간섭하시고 주관하신다' 는 사실을 믿고 살아가는 사람은 많지 않은 것 같습니다. 지금 당신은 두 다리로 서고 걸을 수 있습니까? 그렇다면 그것은 예수님께서 당신을 붙잡고 계시다는 증거입니다. 당신이 어제 저녁에 잠을 자고, 오늘 아침에 잠자리에서 일어났다면 당신이 알지 못하더라도 예수님께서 당신을 붙잡아 주시고, 잠들게 하시고, 일어나게 하셨던 것입니다.

하나님께서 저에게 어지럼증을 허용하셨던 것은 지금 내가 사는 것이나 움직이는 모든 것이 하나님의 은혜이지, 나의 힘이나 나의 의지 때문이 아니라는 것을 가르쳐 깨닫게 하시기 위해서였습니다. 이처럼 하나님의 아들 예수님께서 우리가 알지 못하는 동안에도 우리가 활동할 수 있게 하시고, 우리가 살아가는 데 필요한 공기와 빛과 물과 자연을 주시고, 몸의 소화기능과 혈액순환, 신진대사를 다 주관하시는 것을 가리켜 '내가 안았다, 품었다' 라고 표현한 것입니다.

예수님을 마음의 주인으로 모셔야 합니다

혹 당신을 돌보시는 예수님을 마음의 주인으로 영접하고 모시는 것이 믿음의 시작이라는 설명에 다소 마음의 부담을 느끼는 분들도 있을 것입니다. 하지만 예수님을 마음의 주인으로 영접하지 않으면 그 사람의 마음속에서 마귀가 주인 노릇을 하게 됩니다(요 8:44; 갈 4:8; 엡 2:2; 요일 5:19). 사람에게는 영적으로 마귀의 종이 되거나 예수님의 종이 되는 두 가지 길밖에 없습니다(요일 3:10). 나의 주인은 예수님도 아니고, 마귀도 아니며, 내 자신이 나의 주인이라고 말하는 사람이 있을지도 모르나 그것은 영적인 세계를 알지 못해서 하는 말입니다. 예수님을 주인으로 모시지 않았다면 당신은 지금 마귀를 주인으로 모시고 살아가고 있습니다.

예수님은 우리를 지으셨고, 우리의 죄 값을 지불하고 우리를 사셨으며, 또 우리를 선물로 받으셨으므로 이미 삼중으로 우리의 주인이 되셨습니다. 예수님이 이미 우리의 주님이 되신 것을 시인해야 참된 믿음을 시작하게 됩니다. 그러므로 예수님을 마음의 중심에 주인으로 모시고, 가정의 주인, 사업의 주인, 교회의 주인, 만물의 주인으로 섬겨야 합니다. 우리의 마음과 생각대로 살아 온 것을 잘못으로 알고, 회개하며, 마음의 중심에 예수님을 주인으로 모셔야 합니다. 예수님을 모시기 전에는 마귀가 당신의 마음 중심에 주인으로 있다는 것을 알아야 합니다.

우리가 사는 이 세상에는 슬픔과 부조리와 분쟁과 악한 일들이 많이 일어나고 있습니다. 하지만 암과 같은 질병도, 전쟁도, 경제적인 문제도, 정치적인 문제도 이 땅의 가장 큰 비극은 되지 못합니다. 많은 사람들이 참된 정치 지도자를 만나면 살기 좋은 사회를 건설하며 행복하고 안락한 삶을 누릴 수 있을 것이라 생각하고 있지만, 정치 지도자를 잘 만난다고 해도 어느 정도의 현실 생활의 변화만이 가능할 뿐 인생의 본질이 달라지거나 해결되는 것은 아닙니다.

많은 사람들이 살기 좋은 세상을 만들어 보려고 애를 쓰고 있지만, 시간이 지날수록 악한 일은 더 지능적이게 되며, 더 많이, 더 난폭한 모습으로 일어나고 있습니다. 공부를 많이 한 지성인들이 인권과 평화와 박애 정신을 말하지만, 그것은 입으로만 하는 말일 뿐, 사실은 그들이 더 이기적이거나 자기 유익만 찾는 삶을 사는 경우가 많습니다. 왜 이와 같은 일들이 일어납니까? 우리의 삶에 일어나는 모든 문제를 해결할 방법은 없을까요?

우리가 사는 이 세상과 사람은 다 하나님께서 만드셨기 때문에 하나님만이 모든 문제를 완전하게 해결하실 수 있습니다. 하나님은 이 지구상에 일어나는 모든 문제를 해결하는 방법으로 사람들의 마음의 중심에 예수님을 주인으로 모시게 하셨습니다. 예수님을 마음의 중심에 주인으로 또는 왕으로 모시지 않는다면 거기서 모든 불행한 일들이 시작되는 것입니다. 인류의 가장 큰 비극, 곧 불행은 예수님을 주인으로 모시지 않은 것입니다.

왜 이것이 모든 문제의 해결책인 줄 아십니까? 그것은 하나님께서 사람을 지으실 때에 하나님의 형상으로 지으셨기 때문입니다. 하나님은 온 우주보다 더 크신 분입니다(히 3:3). 그 크신 하나님의 형상으로 지음 받은 사람이기에(창 1:27), 세상 모든 것을 다 가져도 사람의 마음에 만족을 줄 수는 없습니다(잠 30:15; 전 2:9-11). 그럼에도 사람들이 이 세상에 있는 것으로 자기 마음속의 소원을 이루어 보려고 하는 데서 비극이 시작되는 것입니다. 그러나 우주보다 더 크신 하나님의 아들 예수님을 마음의 중심에 모시면 그 사람의 마음이 만족함(빌 4:11; 딤전 6:8)을 얻게 되어 세상의 모든 문제가 해결되게 됩니다.

마음의 중심에 예수님을 모신다는 말은, 예수님께서 우리 마음의 주인이 되셔서 우리의 마음과 생각과 말과 행동을 다스리시는 것, 곧 우리를 통치하시는 것을 말합니다. 예수님을 마음의 중심에 주님으로 모시고 마음의 생각이 예수님의 다스림을 받도록 하지 않는다면, 하나님을 거역하는 죄성을 가진 옛 사람(옛 성품)으로 말미암아 그 사람의 마음 중심에서 모든 악한 일들이 시작되게 됩니다.

> 그(사람)의 마음으로 생각하는 모든 계획이 항상 **악할** 뿐임을 보시고. 창 6:5
>
> 사람의 마음이 계획하는 바가 어려서부터 **악함**이라. 창 8:21
>
> 만물보다 **거짓**되고 심히 **부패**한 것은 (사람의) 마음이라 누가 능히 이를 알리요. 렘 17:9
>
> 속에서 곧 사람의 마음에서 나오는 것은 **악한 생각** 곧 음란과 도둑질과 살인과. 막 7:21

사람의 마음이 어려서는 선하다가 어른이 된 후에 악해지는 것이라고 생각하는 사람들도 있지만, 성경은 사람의 마음이 어려서부터 항상 악하다고 말합니다. 그것은 모든 사람이 죄의 성품(원죄)을 가지고 태어나기 때문입니다.

만물은 하나님께서 창조하신 그대로 존재하지만, 사탄은 하나님을 대적하고, 사람은 하나님께 불순종하므로, 성경은 만물보다 사람의 마음이 심히 더 부패하다고 말합니다(만물은 지음 받은 그대로 있습니다). 사람이 어려서부터 생각하고 계획하는 것이 항상 다 악할 뿐 아니라 만물보다 더 부패해 이 세상에서 진정한 평화를 찾기는 불가능합니다.

사람의 마음이 악하다고 하면 우리는 일반적으로 성질이 아주 못된 사람이나 고약한 사람, 난폭한 사람을 말한다고 생각할 수 있습니다. 하지만 성경은 "악인은…그의 모든 사상에 하나님이 없다 하나이다"(시 10:4; 14:1)라고 말합니다. 이 말씀에서 악인은 하나님과 아무런 관계도 없는 것처럼 살아가는 모든 사람을 가리킵니다. 그러므로 성경은 예수님을 믿지 않는 모든 사람이 악하다고 기록하고 있습니다(딛 1:15). 하나님 없이 자기 마음대로 생각하고 행동하는(마 16:23) 모든 것이 악한 것입니다.

성경은 이렇게 말합니다. "내 백성이 두 가지 악을 행하였나니 곧 그들이 생수의 근원되는 나를 버린 것과 스스로 웅덩이를 판 것인데 그것은 그 물을 가두지 못할 터진 웅덩이들이니라"(렘 2:13). 하나님을 버린 것이 악이며, 또 하나님을 의지하지 않는 것이 악이라고 말씀하셨습니다. 하나님을 버리고 의지하지 않는다는 말은, 하나님을 믿지도 않고 자신의 주인으로 섬기지도 않는 것을 의미합니다. 다시 말해 성경은 예수님을 자신의 생활 가운데 주인으로 인정하지 않고 살아가는 모든 사람이 다 악하다고 말하고 있습니다(딛 1:15).

또한 성경은 예수님을 믿어 구원받은 사람도 그 마음에 예수님을 주인으로 모시고 항상 그분의 다스림(통치)을 받지 않으면 여전히 악을 행할 수 있다고 말합니다. "내가 원하는 바 선은 행하지 아니하고 도리어 원하지 아니하는 바 악을 행하는도다"(롬 7:19). 그러므로 예수님을 마음의 중심에 주님으로 모셨으면, 마음과 생각이 항상 온전히 주님의 다스림을 받도록 해야 합니다. 다른 말로 하면, 성령 충만을 받아야 합니다.

하나님께서는 처음 만물을 창조하실 때 만물이 다 하나님의 통치를 받도록 지으셨습니다(사 48:13). 그러나 죄를 범한 인간은 하나님의 통치(다스림)를 거부하며, 자기 마음의 생각대로 살아가려 합니다. 예수님을 믿는다는 말은 근본적으로, 우리가 예수님의 다스림(통치)을 받아 창조의 원래 상태로 돌아가 하나님께 영광을 돌리는 것을 의미합니다.

예수님께서 이 땅에 오신 목적은 하나님의 나라를 건설하는 것이었습니다(단 2:44; 막 1:15; 엡 1:10). 그래서 주님께서 가르치신 기도 중에 가장 중요한 것이 "나라가 임하시오며"(마 6:10)입니다. 주님은 우리가 삶에서 가장 중요하게 여기는, 먹는 것과 마시는 것과 입는 것보다 더 중요하고 먼저 구할 것이 "그의 나라와 그의 의를 구하는"(마 6:33) 것이라고 말씀하셨습니다. 여기서 나라는 하나님의 나라를 말하며, 그것은 하나님의 통치(다스림)가 이루어져야 함을 뜻합니다.

우리는 주님께서 우리에게 가르쳐 주신 기도문 마지막에서 "나라와 권세와 영광이 아버지께 영원히 있사옵나이다"(마 6:13)라는 기록을 보게 됩니다. 이 말씀 속의 '나라'는 하나님의 나라, 곧 하나님의 통치를 가리키며, '권세'는 하나님의 권세를 가리킵니다. 즉 이것은 하나님의 나라가 임하고, 하나님의 권세가 우리의 마음을 다스리시길(통치하시길) 바란다는 기도입니다. 그 다음의 "영광이 아버지께 영원히 있사옵나이다"는 주님을 마음의 중심에 주인으로 모시고(나라가 임하옵시며) 주님께서 권세로 우리의 마음과 생각을 다스리시게(지배, 통치하시게) 하면, 우리의 삶이 하나님 아버지께 영원히 영광을 돌리게 되고, 하나님의 이름이 거룩히 여김을 받게 되며, 하나님의 뜻이 우리를 통해 이 땅에 이루어지게 된다는 것입니다.

그러므로 예수님을 여러분의 마음의 중심에 주님으로 모시면 여러분의 마음에 하나님의 나라가 임하게 됩니다. 그리고 주님께서 여러분 마음의 주인이 되셔서 여러분의 마음을 다스리시면 여러분은 하나님 아버지께 영광을 돌리게 됩니다. 이것이 주님께서 가르쳐 주신 기도의 핵심이며, 기도문의 마지막에 다시 한번 그것을 강조하는 이유입니다. 하나님께 영광을 돌리는 삶을 살기를 원하십니까? 그러면 예수님을 마음의 중심에 주인으로 모시고, 주님의 다스림을 받아들이도록 여러분의 마음을 성령님께 내어드려야 합니다.

구원받은 성도들이 어린양의 혼인 잔치에 들어가면서 부를 찬양은 네 번의 "할렐루야"(계 19:1, 3, 4, 6)이지만, 마지막으로 부를 찬양은 "할렐루야 주 우리 하나님 곧 전능하신 이가 통치하시도다"(계 19:6)라는 찬양입니다.

그러므로 예수님을 마음의 주인으로 모시는 것이 처음이요, 나중입니다. 그리고 그것이 우리 믿음의 전부입니다. 예수님을 마음의 중심에 주인으로, 왕으로 모시지 않는다면, 그 사람의 삶에는 성경 사사기에 나타났던 것과 동일한 일들이 일어나게 됩니다. 이스라엘 사람들은 그들의 삶에 평화가 찾아오면 하나님을 떠나 우상을 섬겼습니다. 하나님은 우상을 섬기는 이스라엘 사람들에게 진노하셨으며, 그들을 벌하셨습니다. 그러면 그들은 하나님께 회개했고, 회개한 그들에게 하나님은 다시 평화를 주셨습니다. 그리고 평화가 찾아오면 또 다시 그들은 하나님께 죄를 범했습니다.

당신도 이와 같은 혼란스런 생활을 반복하고 있다면 아직 당신의 마음속에는 하나님의 나라가 이루어지지 않은 것입니다. 하나님의 나라가 당신의 마음속에 이루어지지 않았다면 당신은 입으로는 '주여 주여' 하지만 아직 마음에 예수님을 주님으로 모시지 않은 상태이거나, 예수님께서 당신의 마음과 생각을 온전히 다스리도록 내어 드리지 않은 상태일 것입니다.

사사기에 나오는 미가라는 사람은 우상을 만들어 섬기면서도 "이제 여호와께서 내게 복 주실 줄을 아노라"(삿 17:13)고 말했습니다. 하나님이 싫어하시는 우상을 섬기면서 하나님이 복 주실 거라고 믿었다는 것입니다. 문제는 오늘날 교회 안에도 기독교 신앙이 무엇인지조차 모르면서 하나님께 복 받기를 원하는 사람들이 많이 있다는 것입니다. 예레미야 7장 2절은 하나님께 예배 드리기 위해 예루살렘 성전에 들어가는 사람들이 하나님을 알지도 못하고, 또 하나님의 말씀을 듣지도 않는다고 말하고 있습니다. 이 역시 오늘날 교회에 예배 드리러 오는 사람 가운데 쉽게 찾아볼 수 있는 모습입니다. 하나님과 예수님에 대해 바로 알지 못한다면 하나님과 바른 관계를 가질 수 없습니다. 하지만 지금은 비록 자신의 모습이 이런 사람들과 같다고 해도 하나님과 예수님을 바로 알고 잘 믿기를 원한다면 아직 늦지 않았습니다. 성경은 말합니다. "보라 지금은 은혜 받을 만한 때요 보라 지금은 구원의 날이로다"(고후 6:2).

단이라는 이스라엘의 한 지파에 속한 사람들은 우상을 섬기면서도 하나님께서 그들과 함께하실 것이라고 믿었습니다(삿 18장). 하지만 우리는 사사기 19장과 20장에서 이스라엘 전체가 바보 같은 짓을 해 큰 어려움을 당하는 모습을 보게 됩니다. 왜 그런 일이 일어났습니까? 성경은 그 이유를 "그 때에는 이스라엘에 왕이 없었으므로 사람마다 자기 소견에 옳은 대로 행하였더라"(삿 17:6; 18:1; 19:1; 21:25)고 말하고 있습니다.

여기서 말하는 '왕'을 이스라엘 사람들은 이방 나라의 왕과 같은 왕을 생각했지만, 성경은 하나님이 곧 그들의 왕이시며, 주인이심을 의미하고 있습니다(삼상 8:7, 12:12; 시 100:3; 사 6:5; 습 3:15). 그리고 그들이 하나님을 그들의 왕으로 섬기지 않았기 때문에 이런 혼돈이 온 것이라고 말하고 있습니다. 사람들이 예수님을 자신의 마음에 왕으로, 또는 주인(주님)으로 모시지 않으면 자기 소견에 옳은 대로 하기 때문에 항상 혼란한 상태로 살아가게 됩니다. 아무리 그가 교회에 다닌다고 해도 예수님을 마음에 주님(왕)으로 모시지 않으면 여전히 자기 마음대로 생활하게 됩니다. 교회 안에 문제가 많이 생기는 것도 사실은 교회의 지도자인 목사님과 장로님 중에 예수님을 마음의 중심에 참 주인으로 모시지 않고 주님의 다스림을 받지 않는 분들이 교회를 자기 마음의 생각대로 운영해서 그렇게 된 것입니다(마 16:23; 요 16:3; 고전 3:3).

예수님은 세상의 빛이십니다(요 8:12). 예수님을 믿지 않는 것은 영적으로 빛을 멀리하는 것과 같습니다. 빛을 멀리하면 그 사람은 어두움에(요 9:4, 11:10; 엡 5:8) 다니게 되어 갈 길을 바로 알지 못하고 잘못된 길로 가게 됩니다. 예수님을 왕과 주인으로 모시지 않으면 두려움과 불안 속에 살아가게 됩니다. 골로새서의 "그리스도 예수를 주로 받았으니 그 안에서 행하되”(골 2:6)라는 구절은 주님의 다스림을 받으라는 말씀입니다.

주님이 자기 마음의 생각을 다스려 주시기를 원한다면 자기의 옛 사람, 즉 자아가 그리스도와 함께 십자가에 못 박혀 죽고, 그 사람 안에 그리스도께서 살아 역사하셔야 합니다(갈 2:20, 5:24). 그것은 곧 예수님이 자신의 참 주인이 되시며, 마음의 왕이 되시는 것을 말합니다.

하지만 이것이 처음 예수님을 믿을 때부터 잘 되는 것은 아닙니다. 예수님을 마음의 주인으로 모신 후 그분의 다스림을 받도록 우리 자신을 주님께 내어 드리고(롬 6:13, 내려놓음) 심령이 변화 받기를 위해 기도하는 가운데 우리는 점점 변화되어 갑니다. 성경은 “경건에 이르도록 네 자신을 연단하라”(딤전 4:7)고 말합니다. 날마다 말씀을 묵상하고 기도함으로 경건에 이르는 연습에 힘쓸 때 성령께서 그 사람을 변화시켜 가시는 것입니다(고후 3:18). 경건의 연습을 계속하면 경건한 습관이 생기고, 경건한 습관이 계속되면 그것이 제2의 천성이 됩니다.

성경은 사람이 지금 살아 있을 동안에는 예수님을 주님이라 시인하지 않고 주님의 다스림 받는 것을 거절할 수 있어도, 죽은 후에는 다 예수님의 심판대 앞에 무릎을 꿇고 모든 입으로, 곧 예수님을 믿지 아니하는 사람들까지도 입으로 예수님을 주님으로 시인하게 될 것이라 말하고 있습니다.

> 하늘에 있는 자들과 땅에 있는 자들과 땅 아래에 있는 자들로 모든 무릎을 예수의 이름에 꿇게 하시고 모든 입으로 예수 그리스도를 주라 시인하여 하나님 아버지께 영광을 돌리게 하셨느니라. 빌 2:10-11

사람이 죽어 이 땅을 떠나게 되면 예수님을 믿는 사람이나 믿지 않는 사람(땅 아래 있는 자들, 지옥 갈 사람들)이나 모두 예수님 앞에 무릎을 꿇고 예수님이 주님이 되신다는 것을 입으로 시인하게 됩니다(시 22:29). 이것은 예수님이 이미 만물의 주인이시고, 또한 하나님께서 이 일을 계획해 두셨으므로 사람이 임의대로 피하거나 변경시킬 수 없습니다. 사람이 한번 죽는 것을 정하신 하나님께서(히 9:27) '예수님 앞에 무릎을 꿇고 주라 시인하게 하는 것' 도 정하셨습니다. 그러므로 모든 사람이 예수님 앞에 무릎 꿇고 그분을 주라고 시인하는 것은 사람이 한번 죽는 것과 같이 너무도 분명하고 확실한 사실이며, 진리입니다.

이 땅에 살면서 예수님을 믿었던 사람들은 예수님의 심판대 앞에서 그분이 주님이시라고 시인한 뒤 천국으로 들어갑니다. 그러나 예수님을 믿지 않은 사람들은 심판대 앞에서 예수님이 자신의 주님이 되신다는 것을 시인한 뒤 지옥으로 들어가 영원히 고통을 당하게 됩니다.

당신은 이 땅에 있을 때 예수님을 주님으로 시인하고
천국에 가시겠습니까?
아니면 심판대 앞에서 예수님을 주님으로 시인하고
지옥에 가시겠습니까?

예수님을 주님이라 시인한 사람들의 삶

마귀를 주인으로 삼고 살던 사람(엡 2:2; 요일 5:19)이 예수님을 주님으로 시인했다면 그의 삶은 달라져야 합니다. 다시 말해, 예수님을 주님으로 믿었으면 이제 예수님이 당신의 주인이 되신다는 것입니다.

너는 **내 종**이니라 내가 너를 지었으니 너는 **내 종**이니라.

사 44:21

천지가 주의 규례들대로 오늘까지 있음은 만물이 **주의 종**이 된 까닭이니이다. 시 119:91

모든 피조물은 창조주이신 예수님의 종이 되었습니다. 그것을 인정하고, 믿고, 시인하는 것이 피조물인 우리 사람들이 해야 할 첫 번째 일입니다. 그러나 인류의 조상 아담은 피조물로서 창조주 하나님처럼 되고 싶어 하다 하나님께서 금하신 선악과를 먹었으며, 그 결과 아담 이후로 모든 자손에게 죄가 들어 왔습니다. 아담의 범죄 이후 우리는 피조물로서 이미 하나님의 종이라는 사실을 잊어버린 채 자기 마음대로 이 세상을 살아도 된다고 착각하며 살아가고 있습니다. 하지만 종은 자기 마음과 생각과 뜻대로 사는 것이 아니라 주인의 뜻에 따라 살아야 합니다.

너희는 나를 불러 주여 주여 하면서도 어찌하여 내가 말하는 것을 **행하지** 아니하느냐. 눅 6:46

예수님을 따르던 당시의 많은 사람들이 '주여 주여' 하고 주님을 부르면서도 주님이 말씀하신 것을 행하지 않았습니다.

예수님을 주님으로 시인했다면 주님의 말씀에 순종해야 합니다. 이 땅에 오셨던 예수님은 하나님의 아들로서 성자 하나님이시지만, "내가 아무 것도 스스로 할 수 없노라"(요 5:30)고 말씀하셨습니다. 또한 자신의 죽음에 관한 문제에 대해서도 "나의 원대로 마시옵고 아버지의 원대로 하옵소서"(막 14:36)라고 말씀하시며, 하나님 아버지께 절대 순종하는 본을 우리에게 보여 주셨습니다. 예수님을 주님이라 시인하면서도 예수님의 말씀에 순종하지 않는다면 정말로 예수님을 주님으로 시인했다고 볼 수 없습니다.

예수님이 나의 주님, 나의 왕, 나의 목자가 되신다고 고백했다면 온 우주를 지으시고, 지금도 능력으로 보존하시고 다스리시는 그분이 당신의 일생을 지키시고, 인도하시고, 당신과 동행하시며, 영원히 함께해 주심으로 이 세상에서 가장 안전하고, 평안하며, 풍성한 삶을 살게 됩니다. 그래서 다윗은 "내가 사망의 음침한 골짜기로 다닐지라도 해를 두려워하지 않을 것은 주께서 나와 함께 하심이라"(시 23:4)고 고백했습니다. 예수님을 주님으로 모시면 예수님이 당신의 모든 삶을 책임져 주십니다. 예수님을 주님으로 마음에 모신 사람들은 자신의 영적인 것과 육적인 모든 삶의 복이 되시는 분이 예수님인 것을 알아야 합니다. "주는 나의 주님이시오니 주 밖에는 나의 복이 없다 하였나이다"(시 16:2). 다윗은 하나님을 자신의 주님이라고 고백하면서 그분만이 자신의 복이 된다고 말했습니다.

이것이 바로 우리가 예수님의 말씀에 순종해야 하는 이유입니다. 이는 다음과 같이 정리할 수 있습니다.

- 예수님은 창조주로서 나에게 생명을 주신 분입니다.
- 예수님은 자신의 피로 나의 죄 값을 대신 지불하고 나를 사신 분입니다.
- 예수님은 지금도 나의 생명을 지키고 보존하시는 분입니다.

우리가 우리 자신을 위해 사는 것 같은 생각이 들 때가 많습니다. 하지만 우리가 사는 것은 다 예수님을 위해서입니다. 왜냐하면 나를 지으신 분도 예수님이시며, 지금 나의 생명을 주관하고 계신 분도 예수님이시고, 후에 나의 생명을 취해 가실 분도 예수님이시기 때문입니다. 머지않아 우리가 모두 예수님의 심판대 앞에 무릎 꿇고 자백할 날이 올 것이며(롬 14:11;

빌 2:10-11), 그때 예수님을 믿는 모든 사람이 예수님과 함께 영원히 천국에서 영광을 누리며 살게 될 것입니다(요 14:3; 요일 3:2). 우리는 이미 예수님의 소유가 되었으며, 우리의 생명은 예수님의 손 안에 있습니다. 그 사실을 인정하고, 믿고, 의지하고 사는 것이 바로 주님을 시인하는 사람들의 삶입니다. 자신의 죽음조차 아버지의 뜻대로 되기를 바라며 기도하셨던 예수님을 우리는 본받아야 합니다.

> 우리 중에 누구든지 자기를 위하여 사는 자가 없고 자기를 위하여 죽는 자도 없도다 우리가 살아도 주를 위하여 살고 죽어도 주를 위하여 죽나니 그러므로 사나 죽으나 우리가 **주의 것이로다.** 롬 14:7-8
>
> 살든지 죽든지 내 몸에서 그리스도가 **존귀하게** 되게 하려 하나니 이는 내게 사는 것이 그리스도니 죽는 것도 유익함이라. 빌 1:20-21

하나님의 섭리를 잘 알고 살았던 사도 바울은, 사는 것이나 죽는 것이 다 예수님의 손 안에 있다(신 33:3; 렘 18:6)는 사실을 알았습니다. 그는 우리가 지음 받은 목적(골 1:16)과 삶의 목적

(사 43:7)이 모두 예수 그리스도를 존귀하게 하려는 것이라고 말합니다. 그리고 하나님께서 계획하시는 것 역시 예수 그리스도 안에서 만물이 통일되게 하시는 것이라고 말합니다. "하늘에 있는 것이나 땅에 있는 것이 다 그리스도 안에서 통일되게 하려 하심이라"(엡 1:10). 만물을 그리스도 안에서 통일하시려는 하나님의 뜻은 만물이 다 그리스도의 통치를 받아들일 때 가능합니다.

요한계시록 11장 15절에 보면 7년 대환란 때에 하늘에서 천사가 나팔을 불매 하늘에서 큰 음성으로 "세상 나라가 우리 주와 그의 그리스도의 나라가 되어 그가 세세토록 왕 노릇 하시리로다"라는 소리가 들리는 것을 볼 수 있습니다. 하나님은 하나님과 예수님이 영원히 왕 노릇 하는 것을 계획하셨습니다. 그러므로 예수님을 주님으로, 또 왕으로 마음에 모시고 섬기는 것은 우리가 마땅히 해야 할 일입니다. 하나님의 계획을 믿고 받아들이지 않는다면 당신은 하나님의 진노를 받을 수밖에 없습니다.

우리의 마음을 주님께서 다스리시도록 내어 드리며, 주님을 높이고, 또 나를 통해 주님께서 영광을 받으시도록 하는 것이 우리 믿는 사람들이 해야 할 일입니다. 주님을 시인한 우리는 온 생애 동안 주님을 높이고, 주님을 영화롭게 하도록 최선을 다하며 살아가야 합니다.

여호와의 **지으심을 받고** 그가 **다스리시는** 모든 곳에 있는 너희여 여호와를 송축하라 내 영혼아 여호와를 송축하라.

시 103:22

이 땅에 사는 사람들은 모두 예수님을 통해 지으심을 받았으며, 지금도 예수님께서 다스리시는 곳에서 살고 있습니다. 그러므로 이 땅에 사는 모든 사람은 창조주 하나님이신 예수님을 믿고, 그분을 경외하며, 기쁘시게 하고, 사랑하며, 찬양해야 합니다.

우리는 우리 자신이 이 세상에서 가장 중요한 사람이라고 생각하는 경향이 있습니다. 그래서 내가 있어야 세상도 있고, 내가 있어야 다른 사람도 있는 것처럼 생각합니다. 내가 없으면 세상도 아무런 의미가 없는 것처럼 여기며 내 위주로만 세상을 살아왔습니다. 이기주의로 살아왔습니다. 하지만 내가 없어도 세상은 그대로 있을 것이며, 내가 없어도 해와 달과 별들은 그 자리에 그대로 있을 것입니다. 그러나 하나님의 아들 예수님이 없으면 이 세상도, 해와 달과 별도, 사람들도, 심지어 내 자신도 존재할 수가 없습니다. 나보다 더 중요하고 존귀한 분이 예수님이십니다. 우리는 예수님을 내 생활 가운데 가장 존귀하신 분으로 여기고, 그분을 사랑하고(마 22:37), 그분께 모든 영광과 찬송과 능력과 존귀를 온 몸과 마음으로 돌려드리며 살아가야 합니다. 그것이 예수님을 주님으로 시인하는 삶입니다(계 5:13).

사도 바울은 에베소 교회 성도들을 위해 기도할 때에 "믿음으로 말미암아 그리스도께서 너희 마음에 계시게 하시옵고"(엡 3:17)라고 기도했습니다. 에베소 교회의 성도들은 택함을 받았습니다(엡 1:4). 죄 사함을 받았습니다(엡 1:7). 성령의 인치심을 받았습니다(엡 1:13). 믿음으로 구원을 받았습니다(엡 2:8). 하나님의 권속이 되었습니다(엡 2:19). 성령으로 인치심을 받아 그리스도께서 그들의 마음속에 와 계셨습니다(요일 3:24). 그런 에베소 교회의 성도들이었는데, 왜 바울은 그들을 위해 그리스도께서 그들의 마음에 계시게 해 달라는 기도를 했을까요?

그것은 교회에 다니고 구원받았다는 사람들 가운데서도

온전히 예수님을 마음의 중심에 모시지 않고 예수님의 다스림(통치)을 받지 않는 사람들이 있었기 때문입니다. 뿐만 아니라 무슨 일을 할 때 자기 마음대로 행동하며, 영광을 하나님께 돌리지 않고 자기가 취하려는 사람들이 있었기 때문입니다(엡 4:30-32).

당신의 삶은 온전히 주님의 다스림을 받고 있습니까?

때로 예수님을 주님으로 믿는다면서도 오랫동안 예수님을 마음 문밖에 세워 두는 사람들이 있습니다. 그들은 예수님을 믿고, 또 예수님을 주님이라 고백하면서도 생활 속에서는 자기가 주인이 되어 자기 마음대로 살아가는 사람들입니다. 하나님(예수님)은 그와 같은 사람을 향해 차지도 않고 뜨겁지도 않으므로 입에서 토하여 내치리라고 말씀하십니다(계 3:16).

이러한 사람들이 모인 교회의 성도들은 "나는 부자라 부요하여 부족한 것이 없다"(계 3:17)고 말합니다. 그들의 교회에는 많은 사람들이 몰려왔으며, 헌금도 많이 들어왔습니다. 교회에서 아무런 잡음도 들리지 않았으며, 교회의 모든 일들이 잘 진행되어 갔습니다. 우리가 봤다면 아주 칭찬받을 만한 교회라고 생각했을지도 모릅니다. 그러나 주님은 그 교회에 대해 말씀하시기를 "네 곤고한 것과 가련한 것과 가난한 것과 눈 먼 것과 벌거벗은 것을 알지 못하는도다…네가 열심을 내라 회개하라"(계 3:17, 19)고 하셨습니다. 그들은 자신들이 신앙생활을 아주 잘한다고 착각하고 있었지만, 하나님은 그렇게 보시지 않았습니다.

하지만 오늘날에도 그와 같은 교회가 있으며, 그와 같은 교인들이 있습니다. 무슨 이유로 차지도 않고 뜨겁지도 않은 사람들이 교회 안에 있을까요? 성경은 그 이유를 다음과 같이 말합니다.

> 볼지어다 내가 문 밖에 서서 두드리노니 누구든지 내 음성을 듣고 **문을 열면** 내가 그에게로 들어가 그와 더불어 먹고 그는 나와 더불어 먹으리라. 계 3:20

예수님은 계속해서 당신의 마음 문을 두드리고 계십니다. 하지만 예수님을 주님으로 시인한다면서도 그분을 자기 마음 문밖에 5년 혹은 10년 이상 세워 두는 사람들이 있습니다. 친구가 와서 문을 두드릴 때에는 5분만 늦게 문을 열어 줘도 미안해하면서, 하나님의 아들 되신 예수님이 당신을 구원하시고, 당신에게 은혜와 복을 주시며, 당신과 함께 먹고 마시기(관계와 교제) 위해 문밖에 서서 두드리실 때는 10년이 넘도록 기다리게 한다면, 심지어 아직도 열어 주지 않았다면 당신이 받았다는 구원은 의심할 수밖에 없습니다.

> **영접하는 자** 곧 그 이름을 믿는 자들에게는 하나님의 자녀가 되는 권세를 주셨으니. 요 1:12

예수님을 마음의 주님으로 영접하는 것이 곧 성경이 말하는 믿음입니다. 저는 예수님을 믿는다고 말하면서 30년 동안이나 그분을 제 마음의 문밖에 세워 두고 교회에 다녔습니다. 저는 장로의 아들입니다. 누가 보아도 교회에 다니는 사람이었습니다. 그러나 저는 예수님을 마음의 중심에 모시지 않은 채 교회에 다녔습니다. 과거의 저와 같은 사람이 교회 안에 없기를 바랍니다.

> 누구든지 예수를 **하나님의 아들**이라 시인하면 하나님이

그의 안에 거하시고 그도 하나님 안에 거하느니라.

요일 4:15

그러므로 우리는 예수님을 마음의 중심에 주인으로 모셔들여야 합니다. 그리고 그러려면 예수님이 하나님의 아들로서 나의 주님이 되신다는 것을 마음으로 믿고 입으로 시인해야 합니다. 우리는 바울 사도가 기록한 로마서 10장 10절의 말씀과 요한 사도가 기록한 이 말씀이 일치하는 것을 볼 수 있습니다. 그 말은 내 삶의 중심에 예수님을 주인으로 모시고 주님의 다스림(통치)을 받아야 한다는 것입니다. 예수님이 내 삶의 최우선이 되어야 합니다. 예수님이 나를 통해 존귀함을 받으셔야 합니다.

당신은 정말 예수님을 마음의 주인으로 받아들였습니까?

아니면 몇 년 동안이나 예수님을 문밖에 세워 두고 있습니까?

chapter 2

예수님의 십자가 대속의 죽음

예수님을 믿는 믿음에 포함되는 두 번째 내용은 예수님의 십자가 대속의 죽음입니다. 이것은 예수님께서 나의 죄를 담당하시고, 내 대신 십자가에서 죽으심으로 나의 죄 값을 다 지불하셨다는 것입니다.

왜 죄 없으신 예수님께서 나의 죄를 담당하고 내 대신 십자가에 달려 죽으셨을까요? 예수님은 나와 아무런 상관도 없으신 분인데 왜 나의 죄 값을 대신 지불하신 것일까요? 우리는 이런 질문을 던질 수 있습니다.

예수님은 우리 모든 사람을 자기 형상대로, 부모님을 통해 지으신 분이며, 또한 우리에게 생명을 주시고 우리가 지금 살아가는 데 필요한 모든 것을 친히 공급해 주시는 분이므로(행 17:25) 우리와 아주 깊은 관계가 있습니다. 사실은 우리와 예수님과의 관계가 우리와 부모님과의 관계보다 더 밀접합니다.

그럼에도 우리는 우리의 죄성으로 인해 그 사실을 잘 알지 못하고 예수님과 우리가 아무런 상관이 없는 것으로 생각할 수 있습니다. 하지만 우리 부모님이 우리를 지으시고 생명을 주신 것이 아닙니다. 우리 부모님이 우리 죄를 위해 내 대신 죽으시며 죄 값을 지불하신 것도 아닙니다. 예수님만이 우리의 죄를 담당하시고, 나를 대신해 죽으시면서 나의 죄 값을 다 지불하시고 내가 구원받을 수 있는 길을 열어 주셨습니다. 예수님은 우리 부모님보다 나를 더 사랑하시는 분입니다.

그렇다면 예수님은 어떻게 나에 대한 그분의 사랑과 공의를 나타내셨을까요? 십자가에서 죽으심으로 우리에게 대한 하나님의 사랑과 공의를 나타내신 그분에 대해 지금부터 살펴보도록 하겠습니다.

아담의 후손인 우리 모든 사람은 다 하나님 앞에 죄인입니다. 이 땅에 사는 사람 중에 죄인이 아닌 사람은 한 사람도 없습니다. 혹 이 땅에 살면서 죄를 짓지 않고 의롭게 살았다고 말하는 사람이 있을 수 있으나, 그것은 그 사람이 인생의 본질이 무엇인지도 모르고 또 자기가 어떤 존재인지도 알지 못해서 하는 말입니다. 모든 사람에게는 아담의 죄에 연합되어 오는 '원죄' 라는 것이 있습니다. 그것을 다른 말로 '죄의 성품' 이라고도 합니다. 원죄(롬 5:12)와 자기가 지은 죄(딛 3:3)의 문제가 해결되지 않으면 누구도 천국에 들어갈 수 없습니다.

> 모든 사람이 **죄를 범하였으매** 하나님의 영광에 이르지 못하더니. 롬 3:23

하나님은 이 땅에 사는 모든 사람이 죄를 범했다고 말씀하십니다. 원죄도 있고, 자기가 지은 죄도 있습니다. 정도의 차이는 있을지 모르나 모든 사람은 다 죄인입니다. 스스로 죄가 없다고 말하는 사람은 아직 거룩하신 하나님을 만나지 못했기 때문에 그런 말을 하는 것입니다(사 6:5). 아니면 영적인 일에 대해 잘 알지 못하기 때문에 그와 같은 말을 합니다(눅 5:8). 그들은 마귀에게 속아 살아가기 때문에 자기에게는 죄가 없다고 말하거나(요 8:44; 고후 4:4; 엡 4:18-19; 요일 5:19), 다른 사람에 비해 자기가 의롭다고 생각하기 때문에 죄가 없다고 말합니다(눅 18:11).

하지만 성경은 스스로 죄가 없다고 말하는 사람은 자기를 속이는 사람이요(요일 1:8), 하나님을 거짓말쟁이로 만드는 사람이라고 말합니다(요일 1:10). 그러므로 그런 사람에게는 다른 사람보다 죄가 두 가지 이상 더 늘어나게 됩니다.

죄의 삯은 **사망**이요. 롬 6:23

무슨 죄든지 지으면 그에 해당하는 죄 값이 있습니다. 그리고 죄가 많든 적든 죄의 값은 사망, 곧 지옥 형벌을 받는 것입니다. 이 땅에 살면서 한번도 죄를 지은 적이 없다고 말할 사람이 있을지 모르나 그 사람 역시 예수님을 믿지 않으면 지옥에 가게 됩니다. 자기는 의롭다고 생각할지 모르나 하나님 앞에 의로운 사람은 이 땅 위에 한 사람도 없습니다(롬 3:10; 사 64:6; 전 7:20).

우리는 흔히 행동으로 나타나는 것만을 '죄'라고 생각합니다. 그러나 성경은 '잘못된 마음과 잘못된 생각을 품는 것' 도 죄라고 말하고 있습니다.

> 옛 사람에게 말한 바 살인하지 말라 누구든지 살인하면 심판을 받게 되리라 하였다는 것을 너희가 들었으나 나는 너희에게 이르노니 형제에게 **노하는 자**마다 심판을 받게 되고 형제를 대하여 **라가라 하는 자**는 공회에 잡혀가게 되고 **미련한 놈이라 하는 자**는 지옥 불에 들어가게 되리라.
>
> 마 5:21-22

하나님께서 이스라엘 사람들에게 주신 십계명 중 제6계명은 "살인하지 말라"입니다. 이 계명을 받은 이스라엘 사람들은 무슨 무기나 손으로 사람을 죽이는 것만이 살인인 줄 알았습니다. 그러나 예수님은 무기로 사람을 죽이지 않았다고 해도, 마음에 잘못된 생각을 하는 것만으로도 이미 살인한 것으로 인정한다고 말씀하십니다. 다른 사람을 향해 분을 내거나, 심한 욕(라가라)을 하거나, 다른 사람을 무시하고 천하게 생각하는 것이 다 살인에 해당한다고 예수님이 친히 말씀하고 계십니다.

> 그 형제를 **미워하는 자**마다 **살인하는 자**니 살인하는 자마다 영생이 그 속에 거하지 아니하는 것을 너희가 아는 바라. 요일 3:15

주님은 마음속으로 다른 사람을 미워하는 것 역시 살인하는 것이라고 말씀하십니다. 그리고 '이런 사람에게 영생이 없다'는 말은 그들이 구원받지 못한다는 것을 의미합니다. 칼로 사람을 죽인 적은 없지만 계속해서 형제를 미워한다면 그것은 살인죄를 짓는 것이며, 그와 같은 사람에게는 영생이 없다고 말씀하십니다. 더러 자기 남편을 미워하는 아내들이 있는데, 계속 그렇게 미워한다면 그들은 자기 남편을 살인하는 아내가 되는 것입니다. 그리고 자기 아내를 미워하는 남편들이 있다면, 그들 역시 자기 아내를 살인하는 남편이 되는 것입니다.

예수님은 또한 제7계명에 대해서도 말씀하셨습니다.

> 나는 너희에게 이르노니 음욕을 품고 여자를 보는 자마다 마음에 이미 **간음**하였느니라. 마 5:28

부부가 아닌 남자와 여자가 육체관계를 갖는 것을 간음으로 알았던 유대인들에게 예수님은 육체적인 관계를 갖지 않아도 여자를 보고 음욕(음탕한 욕심)을 품으면 이미 간음으로 인정된다고 말씀하고 계십니다. 여기서는 '여자를 보는' 것을 말하고 있으나 여자들이 '남자를 보고 음욕을 품으면' 그것 역시 간음으로 취급됩니다.

그러므로 죄를 행동으로 옮기지 않았다고 해도, 잘못된 생각을 하는 것만으로도 하나님 앞에서는 죄가 되는 것입니다. 당신은 지금까지 살면서 생각으로 많은 죄를 지었을 것입니다. 거기에다가 사람에게는 자기가 지은 죄와 원죄가 있습니다. 따라서 하나님 앞에서는 아무도 자신이 의롭다 할 수가 없습니다. 성경은 말합니다. "의인은 없나니 하나도 없으며"(롬 3:10; 전 7:20).

> 그러므로 사람이 선을 행할 줄 알고도 행하지 아니하면 죄니라.
>
> 약 4:17

사람이 악을 행하면 그것은 죄로 인정됩니다. 그것은 누구나 다 아는 사실입니다. 그러나 성경은 선을 행할 줄 알면서도 선을 행하지 않으면 그것 역시 죄라고 말합니다(마 25:40). 예수님을 믿는 사람이 이전에 미워하던 사람을 미워하지 않는 것을 보고 믿음이 성장했다고 합니다. 그러나 예수님을 믿는 사람은 그 미워하던 사람을 사랑하는 단계까지 가야 합니다. 도둑질 하던 사람이라면 열심히 일해 가난한 사람을 도와주는 것까지 해야 합니다(엡 4:28). 사랑하는 것이 선한 일인 줄 알면서도 사랑하지 않는 것은 죄를 범하는 것입니다. 사랑하는 것이 가장 큰 계명이므로 사랑하지 않는 것은 가장 큰 계명을 범하는 가장 큰 죄가 됩니다(롬 13:8, 10; 약 2:8).

> 죄에 대하여라 함은 그들이 **나를 믿지 아니함**이요.
>
> 요 16:9

많은 사람들이 예수님을 믿어도 되고 믿지 않아도 되는 것으로 생각합니다. 예수님을 믿는 것을 선택의 문제로 여기는 사람들이 많습니다. 그래서 기독교를 여러 종교 중 하나로 알고 자기가 원해서 예수님을 믿는 것으로 생각합니다. 하지만 예수님을 믿는 것은 선택의 문제가 아니며, 모든 사람이 마땅히 해야 할 일입니다. 사람은 하나님과 교제하며 살도록 지음 받았습니다. 하나님의 관계가 끊어지면 그 사람의 영은 죽게 되어 있습니다. 모든 사람이 죄를 지었으므로(롬 5:12) 하나님과의 관계가 끊어지고 영이 다 죽었습니다(마 8:22; 엡 2:1). 그 죽은 영을 살리고 사람과 하나님과의 관계를 회복시키기 위해 예수님이 사람이 되어 이 땅에 오신 것입니다.

그러므로 누구든지 자신의 죽은 영이 다시 살기를 원한다면 반드시 예수님을 믿어야 합니다(요 3:3, 16). 이보다 더 선하고 기쁘고 복된 소식이 없습니다. 이 기쁘고 복된 소식을 받아들여 예수님을 믿는 것이 가장 선한 것이므로 믿지 않는 것은 가장 큰 죄를 범하게 되는 것입니다. 뿐만 아니라 예수님을 믿으면 살인죄를 비롯한 어떠한 흉악한 죄도 다 용서받을 수 있으나, 믿지 않으면 아무리 작은 죄라도 용서받을 수 없습니다.

따라서 우리는 요한복음 16장 9절에 근거해 이렇게 말할 수 있습니다.

> 사람이 지옥에 가는 것은 죄 때문이 아니라
> 예수님을 믿지 않기 때문이다.

하나님께서 하라고 명하신 것을 하지 않는 것도 죄이며, 하지 말라고 하신 것을 하는 것도 죄입니다. 하나님은 사람들에게 예수님을 믿으라고 말씀하셨습니다. 그러므로 예수님을 믿지 않으면 하나님의 말씀에 불순종하는 것이므로 그것이 죄가 되는 것입니다.

> 유다의 죄는 금강석 끝 철필로 기록되되 그들의 **마음 판**과 그들의 **제단 뿔**에 새겨졌거늘. 렘 17:1

사람이 죄를 지으면 하나님께서 죄 짓는 사람의 마음 판과 성전 제단의 뿔에 그 죄를 새겨 두신다고 성경은 말하고 있습니다. 많은 사람들이 이 말씀을 대할 때 하나님께서 실제로 그렇게 하시는 것이 아니라 상징적으로 말씀하시는 것이라고 생각합니다. 그러나 성경은 실제로 죄를 지으면 죄를 지은 사람의 마음 판과 제단 뿔(향단 뿔과 번제단 뿔)에 죄 지은 사람의 죄들을 기록해 둔다고 말하고 있습니다.

레위기 1~5장에는 다섯 가지 대표적인 제사에 관한 기록이 나옵니다. 그중 4장에는 '속죄 제사'에 관한 설명이 나오는데, 다른 제사에서는 단 한번도 제단 뿔에 피를 바르라고 말씀하지 않으시나, '속죄 제사'에는 반드시 제단 뿔에 속죄 제사를 위해 잡은 짐승의 피를 바르라고 말씀하고 계십니다(4:7, 18, 25, 30, 34, 16:18). '속죄 제사'는 말 그대로 죄를 용서받기 위한 제사입니다. "피흘림이 없은즉 사함이 없느니라"(히 9:22). 속죄 제사를 위해 잡은 짐승의 피를 제단 뿔에 바르라고 말씀하시는 것은 제단 뿔에 기록된 죄를 씻기 위함입니다.

출애굽기 29장 12절에서부터 에스겔 43장 20절까지 구약의 모든 속죄 제사를 드릴 때 반드시 제단 뿔에 속죄 제사를 위해 잡은 짐승의 피를 바르라고 하신 이유는 하나님께서 제단 뿔(렘 17:1; 계 9:13)에 사람들의 죄를 새겨 두셨기 때문입니다. 죄 지은 사람의 마음 판에 피를 뿌리는 것에 대해서는 곧 말씀드리도록 하겠습니다. 제단 뿔과 사람의 마음 판에 새겨 둔 죄는 사람의 어떠한 방법과 수단과 노력으로도 해결할 수 없다고 성경은 말하고 있습니다.

> 주 여호와의 말씀이니라 네가 **잿물**로 스스로 씻으며 네가 많은 **비누**를 쓸지라도 네 **죄악**이 내 앞에 그대로 있으리니.
>
> 렘 2:22

여기서 잿물은 요즘의 클로락스에 해당한다고 생각하면 될 것입니다. 클로락스나 많은 비누를 사용해도 죄는 씻을 수 없다고 말씀하십니다. 이는 인간의 수양이나, 선행, 고행, 노력 그 어떤 것으로도 죄의 문제를 해결할 수 없다는 말씀입니다. 하지만 하나님을 믿으며, 성경을 하나님의 말씀으로 받아들인다고 하면서도 인간의 선행으로 구원을 받는다고 말하는 사람들이 있습니다(롬 3:12; 갈 2:16). 그들은 자신들이 하나님을 안다고 말하지만 실상은 하나님과 성경을 알지 못해 자기들의 생각을 말하고 있는 것입니다(마 22:29; 요 7:28).

다시 말해, 제단의 뿔과 사람의 마음 판에 새겨둔 죄는 어떠한 인간적인 방법으로도 해결할 수 없습니다. 그리고 이 죄의 문제가 해결되지 않으면 그 사람은 천국에 들어갈 수 없습니다. 하지만 사람이 할 수 없는 것을 하나님은 하실 수 있습니다. "무릇 사람이 할 수 없는 것을 하나님은 하실 수 있느니라"(눅 18:27). 하나님은 우리에게 죄를 씻을 수 있는 방법을 가르쳐 주셨습니다.

육체의 생명은 **피**에 있음이라 내가 이 **피**를 너희에게 주어 제단에 뿌려 너희의 생명을 위하여 속죄하게 하였나니

생명이 피에 있으므로 피가 죄를 속하느니라. 레 17:11

사람이 지은 죄는 비누나 클로락스로 씻을 수 없습니다. 하나님은 피로 사람이 지은 죄를 깨끗이 씻을 수 있다고 우리에게 가르쳐 주셨습니다. 피가 곧 생명이기 때문입니다. 피 외에는 사람이 지은 죄를 씻을 수 있는 방법이 없습니다(히 9:22).

피 = 생명 // 죄 = 사망

죄로 말미암아 사망에 처한 사람이 살기를 원한다면 생명인 피로 새로운 생명을 얻을 수 있습니다. 모든 사람은 죄를 지었으므로 다 사망에 이르게 되었습니다. 그러므로 사람은 모두 더러워진 피, 곧 사망에 이르는 피를 가지고 있습니다. 사망에 처한 사람이 생명을 얻으려면 죄 없는 피가 필요합니다. 사람의 죄를 해결하려면 흠도 없고 점도 없는 깨끗한 사람의 피가 필요합니다. 하지만 이 땅에 사는 사람 중에는 흠도 없고 점도 없는 깨끗한 피를 가진 사람이 한 사람도 없습니다(롬 3:23, 5:12).

그렇다면 어떻게 사람의 죄를 해결할 수 있을까요? 한 사람도 깨끗한 피를 가진 사람이 없다면 구약 시대처럼 순결한 짐승의 피로 사람의 피를 대신해 제사를 드리면 죄 사함을 받을 수 있지 않을까요? 하지만 성경은 짐승의 피로는 사람의 죄 문제를 해결할 수 없다고 말합니다.

이는 황소와 염소의 피가 능히 **죄**를 없이 하지 못함이라.

히 10:4

제사장마다 매일 서서 섬기며 자주 같은 제사를 드리되 이 제사(구약의 모든 제사)는 언제나 **죄**를 없게 하지 못하거니와.

히 10:11

하나님은 레위기 16장에서 속죄일에 죄 사함 받으려면 제사장을 위해 송아지를, 백성을 위해 염소를 잡아 제사를 드리라고 말씀하고 계십니다. 구약 성경은 짐승의 피로 제사를 드리면 사람들의 죄가 사함을 받는다고 기록하고 있습니다(레 16:30). 레위기 4장 역시 짐승을 잡아 피를 뿌리면 죄 사함을 받는다고 기록하고 있습니다(레 4:20, 26, 31). 하지만 히브리서 기자는 짐승의 피로는 죄 사함을 받을 수 없다고 말합니다. 그렇다면 신약과 구약의 말씀이 서로 다른 이야기를 하고 있는 것일까요?

구약 성경에 나오는 속죄(kaphar, 카파르)라는 말은 '덮는다'는 뜻을 가지고 있습니다. 다른 말로 하면 구약에서 사람들이 짐승의 피로 속죄 제사를 드리면 하나님께서 그 죄를 덮어(to cover) 두시겠다는 것입니다(전에 지은 죄를 간과하심, 롬 3:25; 히 9:15). 이렇게 구약 시대에 덮어둔 죄는 예수님께서 십자가에서 흘리신 피로 사함을 받게 됩니다. 하지만 구약 시대에 덮어 두지 않은 죄는 예수님의 피로도 사함을 받지 못합니다. 하나님이 덮어 두신 죄는 예수님이 십자가에서 흘리신 보혈로 반드시 씻어 주시므로 구약에서 미리 사함을 받았다고 선포하신 것입니다.

그러므로 신구약 성경의 말씀이 서로 다른 것이 아니라 히브리서에서는 다만 그 사실을 더 정확하게 말하고 있는 것입니다. 하나님이 아들 되신 예수님을 처녀 마리아의 몸에서 성령으로 잉태해 사람으로 태어나게 하셨으므로, 예수님은 흠도 없고 점도 없는 깨끗한 피를 가진 분이십니다.

오직 **흠** 없고 **점** 없는 어린 양 같은 그리스도의 보배로운 피로 된 것이니라. 벧전 1:19

예수님께 점이 없다는 말은, 아담의 후손이 아닌 성령으로 처녀 몸에서 태어났으므로 원죄가 없다는 것을 의미합니다. 우리는 일반적으로 예수님이 성령으로 처녀 마리아의 몸에서 태어났기 때문에 원죄가 없다고 말합니다. 그 말이 맞습니다. 그러나 우리는 여전히 의문을 가질 수밖에 없습니다. 마리아는 우리와 똑같은 죄인입니다(천주교에서는 마리아에게 죄가 없다고 말하지만). 그런 마리아의 몸에서 태어났으므로 우리는 예수님이 마리아의 피를 받았을 것이라고 생각할 수도 있습니다. 하지만 마리아의 피를 받아 죄성을 물려받았다면 예수님은 우리의 구원자가 될 자격이 없습니다. 예수님이 마리아의 피를 받아 죄의 성품을 가지고 태어났다면 기독교의 구속 사역은 이루어질 수 없는 것입니다.

그렇다면 어떻게 이 문제를 해결할 수 있을까요? 마리아는 우리와 똑같은 죄인인데 어떻게 예수님이 마리아의 피를 받지 않을 수 있었을까요? 많은 이들이 이 문제를 두고 고민한 것처럼, 저도 상당 기간 동안 어떻게 하면 다른 사람들이 이것을 충분히 이해하도록 설명할 수 있을까를 고민했습니다. 그러나 현대 과학이 실험을 통해 산모의 피가 한 방울도 태아에게 전달되지 않는다는 것을 증명해 줌으로써 저의 고민은 해결되었습니다. 알디한이 쓴 『예수의 피』(두란노서원, 1986년 8월 발행)라는 책에 그 사실이 잘 기록되어 있습니다.

> 태아에게 있는 모든 피는 태아 자신으로부터 생성된 것이다. 잉태할 때부터 출생할 때까지 단 한 방울의 피도 산모에게서 태아에게 전달되지 않는다(30페이지).
> 정상적인 상태에서는 태아의 피와 산모의 피가 서로 교환되지 않는다(31페이지).

이 책을 읽은 후 저는 세 명의 의사를 만나 이에 관해 문의했고, 그 결과 어머니의 피가 태 중에 있는 아이에게 전달되지 않는다는 사실에 대한 확실한 답을 얻게 되었습니다. 태아의 피 속에 있는 수분과 영양분은 산모로부터 공급받지만, 산모의 피가 태아의 몸속에 흐르는 것은 아니었습니다. 그러므로 마리아에게 죄가 있더라도, 그 태 중에 있던 예수님은 마리아의 피를 받지 않았으므로 그 피에 원죄가 없음이 분명합니다.

또한 예수님께 흠이 없다는 것은 이 땅에 사시는 동안 주님이 스스로 지은 죄도 없다는 것을 말합니다. 예수님은 이 땅에 사는 동안 많은 시험을 받으셨습니다. 사십 일 금식하신 후 마귀로부터 3가지 시험을 받았으나 이기셨고, 안식일에 관한 시험도 이기셨습니다. 간음하다 현장에서 붙잡혀 온 여인을 통한 시험도 이기셨으며, 예루살렘에서 잡혀 돌아가시기 이틀 전에 '가이사에게 바치는 세금' 문제와 '한 여자와 결혼한 일곱 형제가 부활의 날에 누구의 아내가 되는지'에 관한 질문, 그리고 '율법 중에서 가장 큰 계명'에 관한 시험을 다 이기심으로 시험에 들지 않으셨습니다. 그러므로 예수님은 흠이 없으십니다.

> 모든 일에 우리와 똑같이 시험을 받으신 이로되 **죄는 없으시니라.** 히 4:15

성경은 예수님께서 우리와 같이 모든 일에 시험을 받으셨으나, 한번도 시험에 들지 아니하셨으므로 지은 죄가 없다고, 결국 흠이 없다고 말합니다.

그가 우리 **죄**를 없애려고 나타나신 것을 너희가 아나니 그에게는 **죄**가 없느니라. 요일 3:5

이 말씀은, 예수님께는 원죄도 없고 자기가 지은 죄도 없음을 말하고 있습니다. 오직 그와 같은 예수님의 피만이 우리의 죄를 씻을 수 있습니다. 십자가에 달려 돌아가신 예수님의 피만이 나의 죄 문제를 해결할 수 있습니다. (다른 종교의 창시자들은 다 우리와 같은 피조물이므로 그들의 피가 우리의 죄를 씻어 줄 수도 없을 뿐 아니라, 심지어 그들은 우리를 위해 죽지도 않았습니다.) 예수님의 피만이 우리의 죄를 씻을 수 있다는 것을 믿을 때 성령께서 믿는 사람의 마음(양심)에 새겨둔 죄를 깨끗이 씻어 주십니다.

영원하신 **성령**으로 말미암아 흠 없는 자기를 하나님께 드린 그리스도의 **피**가 어찌 너희 양심을 죽은 행실에서 깨끗하게 하고 살아 계신 하나님을 섬기게 하지 못하겠느냐. 히 9:14

하나님 아버지의 미리 아심을 따라 성령이 거룩하게 하심으로 순종함과 **예수 그리스도의 피 뿌림**을 얻기 위하여 택하심을 받은 자들에게 편지하노니 은혜와 평강이 너희

에게 더욱 많을지어다. 벧전 1:2

우리가 **마음에 뿌림**을 받아 악한 양심으로부터 벗어나고 몸은 맑은 물로 씻음을 받았으니 참 마음과 온전한 믿음으로 하나님께 나아가자. 히 10:22

다른 번역본에서는 히브리서 10장 22절을 이렇게 표현하고 있습니다.

우리는 **마음에다가 예수의 피**를 뿌려서 죄책감에서 벗어나고. 히 10:22, 표준새번역

우리의 **마음에는 그리스도의 피**가 뿌려져서.

히 10:22, 공동번역

죄 없으신 예수님께서 십자가에서 흘리신 피가 나의 모든 죄를 씻어 깨끗하게 한다는 것을 믿을 때에

영원하신 성령님께서(히 9:14)
예수 그리스도의 피를 가지고(벧전 1:2)
예수님을 믿는 사람의 마음에 뿌리시므로(히 10:22)

예수님을 믿는 사람은 죄의 용서함을 받아 모든 죄에서 깨끗하게 되고 의롭다 함을 받는 것입니다(엡 1:7; 골 1:14).

사람이 죄를 범할 때 하나님이 죄 지은 사람의 마음 판에 새겨 두신 죄(렘 17:1)를 성령께서 믿는 사람의 마음에 예수 그리스도의 피를 뿌려 씻어 주신다고 성경은 말합니다. 성경이 믿는 사람의 머리(몸의 중심)에 피를 뿌린다고 하지 않고 마음에 뿌린다고 말하는 것은 하나님이 마음에 죄를 새겨 두셨기 때문입니다. 비록 이 사실을 눈으로 볼 수도, 피부로 느낄 수도, 어떠한 이론으로 증명할 수도 없지만 우리는 하나님께서 성경을 통해 말씀하셨으므로 믿음으로 그것을 받아들여야 합니다.

그뿐만 아니라 성경은 예수님께서 자기 피로 우리의 죄 값을 지불하시고(히 9:14, 사탄에게 지불한 것이 아니라 하나님께 지불하시고) 우리를 사셨다고 말합니다. 어떠한 죄든지 지으면 죄의 값이 있습니다.

> 각 족속과 방언과 백성과 나라 가운데에서 사람들을 (자기) **피로 사서** 하나님께 드리시고. 계 5:9

죄를 지어 지옥으로 갈 수밖에 없는 당신을 천국에 들어가게 하시기 위해 당신 대신 예수님께서 십자가에서 죽으시고 자기 피로 당신의 죄 값을 지불하고 당신을 사신 것입니다. 그러므로 그 사실을 마음으로 믿고 입으로 시인해야 합니다. 예수님께서 당신의 죄 값을 대신 지불하셨으므로 당신은 그 사실을 믿는 것만으로 죄 용서함을 받을 수 있습니다. 이는 모두 예수님께서 당신을 너무나 사랑하기 때문에 하신 일입니다(엡 5:2; 롬 5:8; 요일 4:10).

성경은 예수님의 피가 믿는 사람의 모든 죄를 사해 준다고 말하나, 이는 특별히 십자가에서 흘리신 피를 가리킵니다. 만약 예수님의 피만으로 우리의 죄 문제가 해결된다면 예수님의 손이나 발을 하나 절단하든지, 아니면 참수형을 받아 피를 흘리게 해도 됐을 것입니다. 그러나 성경은 반드시 십자가에서 흘리신 피여야 한다고 말합니다.

왜 그렇습니까? 그것은 예수님께서 십자가에서 죽으실 때 우리의 저주까지 다 담당하셨기 때문입니다. 사람이 죄를 지으면 하나님은 죄 지은 사람을 저주(정죄)하십니다(신 27:26; 갈 3:10). 죄라는 것은 그와 같이 무서운 것입니다.

사람에게는 원죄를 지었을 때 받은 저주가 있으며(창 3:19), 또한 자신이 죄를 지음으로 받은 저주도 있습니다(신 27:26; 갈 3:13). 예수님께서는 십자가에서 죽으심으로 우리의 죄 문제뿐 아니라 우리의 저주의 문제까지 다 해결하셨습니다.

> 나무에 달린 자는 하나님께 **저주**를 받았음이니라.
>
> 신 21:23

하나님께서 모세를 통해 주신 이 말씀은, 나무에 달려 죽은 사람은 하나님께 저주를 받은 사람이라고 말하고 있습니다. 예수님께서는 죽으실 때 나무 십자가에서 죽으셨습니다(행 5:30, 13:29; 벧전 2:24). 로마 사람들이 예수님을 흉악한 죄인 취급하며 그들의 법에 따라 십자가에서 죽게 하였으나, 이는 이미 1,400년 전에 모세를 통해 예언된 말씀이 이루어진 것입니다.

> 그리스도께서 우리를 위하여 **저주**를 받은 바 되사 율법의 **저주**에서 우리를 속량하셨으니 기록된 바 나무에 달린 자마다 **저주** 아래에 있는 자라 하였음이라. 갈 3:13

사도 바울은 신명기 21장 23절의 말씀이 예수님의 십자가 죽음을 통해 이루어졌다고 말합니다. 죄로 말미암아 저주를 받아 본질상 진노의 자녀(엡 2:3)였던 우리가 예수님을 믿음으로 이제는 그 저주에서 해방되어 하나님의 복을 받을 수 있는 새로운 사람, 곧 하나님의 자녀가 된 것입니다.

누구든지 그리스도 안에 있는 사람에게는 결코 정죄함이 없으며(롬 8:1), 하나님과의 화목이 이루어졌다(롬 5:10)고 성경이 말하는 것은 예수님께서 우리의 죄와 저주를 다 해결하셨기 때문입니다.

> 그런즉 누구든지 그리스도 안에 있으면 **새로운 피조물**이라 이전 것은 지나갔으니 보라 **새 것**이 되었도다.
>
> 고후 5:17

예수님을 믿을 때에 우리는 영적으로 완전히 새롭게 지음받은, 새로운 피조물이 됩니다. 질적으로 완전히 달라진다는 말입니다. 예수님을 믿기만 하면 죄의 문제가 해결될 뿐 아니라, 죄 때문에 받았던 정죄(저주)의 문제도 다 해결되어 믿기 전에 있었던 어떠한 영적인 문제도 해결되게 됩니다. 구원을 받아도 육적으로는 똑같지만 영적으로는 전혀 질이 다른 새것이 됩니다.

예수님을 믿는 사람은 관상이 맞지 않습니다. 사주팔자도 맞지 않습니다. 그 사람의 운명 역시 예수님을 믿으면 새롭게 바뀌기 때문에 손금도, 성명 철학도 맞지가 않습니다. 그러니 점을 치기 위해 점쟁이에게 갈 필요가 없습니다. "예수님을 믿는 사람도 가계의 저주를 끊어야 한다"(출 20:5; 왕상 23:26)는 말은 성경에 나와 있기도 해 어찌 보면 맞는 말인 것 같기도 하지만, 성경을 해석하려면 성경 전체를 읽어 보고 해야 합니다. 하나님의 참뜻은 가계에 저주가 이어지는 것이 아닙니다(신 24:16; 왕하 14:6; 렘 31:30; 겔 18:20).

하나님은 아담을 창조하신 후에 "보시기에 심히 좋았더라"(창 1:31)고 말씀하셨습니다. 그러나 아담이 죄를 지은 후에는 그를 향해 "너는 흙이다"(창 3:19)라고 말씀하셨습니다. 사람이 죄를 지으면 저주받아 하나님과의 관계가 끊어지며 하나님과 원수가 됩니다(롬 8:7; 골 1:21). 하나님과의 관계가 끊어진 것을 성경은 '사람의 영이 죽었다'고 말합니다(마 8:22; 눅 9:60; 엡 2:1). 영이 죽으면 남는 것은 흙으로 만든(창 2:7) 몸뿐입니다.

그래서 하나님이 영이 죽은 사람을 보고 '너는 흙이다' 라고 말씀하신 것입니다. 이것이 원죄에 대한 하나님의 저주입니다. 하지만 예수님께서 우리의 저주를 대신 받으셨으므로, 믿는 사람은 모든 저주에서 해방되었습니다.

성경은 예수님을 믿는 사람들의 마음속에 예수님의 생명이 있음을 말합니다(고후 4:10). 그것은 영원한 생명입니다(요일 2:25). 예수님의 영원한 생명을 가진 사람들을 하나님은 천하보다 귀한 당신의 자녀라고 말씀하셨습니다(마 16:26; 요 1:12; 요일 3:1). 예수님을 믿지 않는 사람은 누구든지 하나님 보시기에 흙덩어리와 같은 존재입니다. 다시 말해 예수님의 영원한 생명이 없으면 권력을 휘두르는 높은 자리에 있어도, 공부를 많이 해 깊은 학식으로 모든 사람에게 존경을 받아도 그 사람은 흙덩어리에 불과합니다. 돈을 많이 번 부자라도 하나님 앞에서는 흙덩이라는 말입니다. 그러나 무식하고, 가난하고, 권력이 없어도 예수님을 믿으면 천하보다 귀한 하나님의 자녀가 되는 것입니다(요일 3:1). 할렐루야!

죄인인 사람이 예수님을 믿을 때 이와 같이 엄청난 영적 변화가 일어납니다. 그런데도 구원받은 많은 사람들이 이 놀라운 사실을 잘 알지 못한 채 그냥 교회에 다니고 있습니다. 당신은 예수님을 믿어 구원을 받았습니까? 그렇다면 가난하고, 무식하고, 못나고, 보잘 것 없어도, 또 세상 사람들이 뭐라고 말을 하더라도, 당신은 천하보다 귀한 하나님의 자녀입니다(요일 3:1). 당신을 천하보다 귀한 하나님의 자녀가 되게 하려고 예수님께서 당신 대신 십자가에서 죽으신 것입니다.

당신은 지금 하나님이 보시기에 흙덩이입니까?
아니면 천하보다 귀한 하나님의 자녀입니까?

chapter 3

예수님의 몸의 부활

예수님을 믿는 믿음의 세 번째 내용은 예수님의 몸의 부활입니다. 예수님께서 몸으로 부활하신 것은 역사적인 사실입니다. 우리가 눈으로 보지 못했고, 우리의 지식과 경험으로는 이해할 수 없다 하더라도 역사적인 사실이기에 믿을 수밖에 없습니다. 우리가 링컨 대통령을 보지 못했어도 그가 미국의 16대 대통령이었다는 역사적인 사실 때문에 그 사실을 믿는 것과 같이 예수님의 몸의 부활도 본 사람들이 우리에게 전해 준 역사적인 사실이기에 믿을 수 있는 것입니다.

때로 교회에 다니면서도 예수님의 몸의 부활을 믿지 않고 영의 부활만을 믿는 사람들이 있습니다. 하지만 예수님이 육으로 오신 것(요일 4:2)과 육으로 다시 사신 것(눅 24:39)을 믿지 않는다면 그 사람은 구원받은 사람이라 할 수 없습니다(요일 4:3). 예수님의 몸의 부활이 중요하므로 사도들이 예수님의 부활을 계속해서 증거한 것입니다(행 26:8).

> 그리스도께서 **다시 살아나신 일**이 없으면 너희의 믿음도 헛되고 너희가 여전히 죄 가운데 있을 것이요.
>
> 고전 15:17

우리는 일반적으로 예수님께서 십자가에서 죽으심으로 우리의 죄 문제가 다 해결되었다고 말합니다. 성경도 그렇게 말하고(골 2:15), 대부분의 목사님들도 다 그렇게 설교를 합니다. 그러나 고린도전서 15장 17절은 예수님의 부활이 없으면 믿음도 헛것이요, 죄가 사함을 받지 못하고 여전히 그대로 있다고 말하고 있습니다. 그렇다면 십자가에서 죄의 문제가 완전히 해결된 것이 아니었다는 말일까요?

이것을 쉽게 이해하려면 레위기 16장과 예수님의 구속 사역을 함께 비교해 생각하면 됩니다(레위기 16장과의 비교는 뒤에서 다시 설명하겠습니다). 그러면 십자가에서 예수님이 돌아가신 것이 구원을 위한 모든 사역 중 가장 중요한 과정 가운데 하나이지만 전부는 아니라는 것을 알게 됩니다. 성령께서는 바울을 통해 고린도전서 15장 17절에서 "그리스도께서 다시 살아나신 일이 없으면…너희가 여전히 죄 가운데 있을 것이요"라고 말씀하고 계십니다.

그럼에도 우리는 예수님의 구속 사역 중 하나님의 공의와 사랑을 가장 잘 나타내는 것이 십자가 죽음이라는 사실을 생각해야 합니다. 성경이 구속 사역 가운데 가장 귀하게 여기는 것은, 그리고 죄 사함을 받는 최고의 방법은 피입니다. 예수님께서 이 피를 흘리신 곳이 십자가이므로 예수님의 십자가 죽음을 모든 속죄의 과정에서 제일로 여기며, 또한 대표적인 것으로 생각해 십자가에서 모든 죄의 문제가 해결되었다고 선포하는 것입니다.

우리가 죄 사함을 받고 구원을 받으려면 예수님의 인격(성품)과 그분이 하신 일을 믿어야 합니다. 물론 때에 따라서는 그 중 한 가지만 가지고도 다 해결되었다고 말합니다. 예를 들어,

우리가 구원받으려면 '주 예수 그리스도'를 믿어야 하지만, '예수님'을 믿거나 '그리스도'를 믿거나 '예수 그리스도'를 믿어도 구원받는다고 하는 경우가 그런 경우입니다. 그것은 구원의 모든 계획과 과정과 완성은 하나님께서 정하신 것이어서 그중 하나를 이루면 그 다음 과정도 반드시 이뤄지기 때문입니다. 그래서 일반적으로 십자가를 믿는 것만으로도 죄 사함을 받는다고 보는 것입니다.

> 예수는 우리가 범죄한 것 때문에 내줌이 되고 또한 우리를 **의롭다** 하시기 위하여 살아나셨느니라. 롬 4:25

이 말씀 역시 예수님께서 살아나시지 않았으면 우리가 의로워질 수 없었다는 것을 말하고 있습니다. 의로워진다는 말은 죄 사함을 받고, 하나님과의 관계가 회복(화해)되며, 화목이 이루어져 하나님과 교제하게 되는 것을 말합니다. 예수님께서 부활하신 이유는 우리를 의롭다 하시기 위함입니다.

우리는 의롭다 하심을 받지 못하면 천국에 들어갈 수가 없습니다. 다시 말해, 예수님의 몸의 부활이 없으면 우리는 천국에 들어갈 수 없습니다. 우리는 십자가에서 죄의 문제가 다 해결되었으므로 십자가의 죽음만 믿으면 저절로 의로워지는 줄로 알고 있지만, 예수님의 몸의 부활이 있어야 우리의 죄 문제가 해결되며, 우리가 의로워지는 것입니다. 그리고 죄의 문제가 해결되어야 구원받아 천국에 들어갈 수 있고, 또한 의로워질 수 있습니다. 그러므로 예수님의 부활은 우리의 구원과 아주 밀접한 관계가 있으며, 매우 중요합니다.

> **의**에 대하여라 함은 내가 아버지께로 **가니** 너희가 다시
> 나를 보지 못함이요. 요 16:10

이것은 예수님께서 잡히시기 전날 밤 마지막으로 제자들에게 하신 말씀으로, "내가 떠나가면 보혜사 성령님이 너희에게 오셔서 세상을 향해 3가지 책망(확신, 입증, 설복)을 하실 것이다. 죄에 대해, 의에 대해, 그리고 심판에 대해 말씀하실 것이다"라고 말씀하시는 부분입니다. 성령님이 오셔서 의에 대해 확신시켜 주실 것은 예수님이 아버지께로 가시기 때문에 제자들이 다시는 예수님을 보지 못할 것이라는 말씀이었습니다.

이 말씀에 대해 대부분의 성경 해석학자들은 유대인들이

예수님을 불의한 사람으로 여겨 십자가에 못 박아 죽였으나, 하나님은 예수님을 의로운 분으로 받아 주셔서 다시 살아나게 하시고 승천하게 하시며 지금은 하나님의 우편에 앉게 하셨다는 것으로 해석합니다. 그 해석이 맞습니다.

그러나 예수님께서 이 말씀을 하신 데에는 또 다른 더 깊은 뜻이 있습니다. 이 말씀은 '내가 너희를 의롭게 하기 위해 아버지께 가므로 너희가 나를 다시 볼 수 없게 된다' 로 해석해야 합니다.

그렇다면 예수님이 아버지께로 가시는 것과 믿는 사람들이 의롭게 되는 것이 무슨 관계가 있을까요? 이제 그것에 대해 말씀드리도록 하겠습니다.

> 그러므로 우리에게 큰 대제사장이 계시니 **승천**하신 이 곧 하나님의 아들 예수시라 우리가 믿는 도리를 굳게 잡을지어다. 히 4:14

히브리서 1장부터 7장까지는 예수님이 우리의 대제사장으로서 충분한 자격이 있음을 설명하고 있습니다. 구약 성경에 보면 아론의 자손이라도 흠이 있는 사람은 제사장이 될 수 없었습니다. "제사장 아론의 자손 중에 흠이 있는 자는 나와 여호와께 화제를 드리지 못할지니 그는 흠이 있은즉 나와서 그의 하나님께 음식(제사)을 드리지 못하느니라"(레 21:21). 예수님은 대제사장으로서 흠이 없으신 분이었습니다. 히브리 기자는 우리 죄를 가지고 하나님 앞에 나아갈 대제사장은 승천하신 자, 곧 하늘로 올라가신 하나님의 아들 예수님이라고 말합니다. 승천이라는 말은 예수님께서 요한복음 16장 10절에 "내가 아버지께로 가니"라는 말씀과 같은 의미입니다.

성경은 예수님이 아버지께로 가서 대제사장이 되시는 것이 "믿음의 도리", 곧 우리의 "신앙 고백"(표준새번역)이 되어야 한다고 말합니다. 우리는 믿음으로 구원을 받습니다. 그 구원받는 믿음의 고백에는 예수님이 아버지께로 가셔서 큰 대제사장이 되셨다는 것이 포함되어 있어야 합니다. 예수님을 믿는다고 하면서도 이 말씀을 중요하게 여기지 않는 사람들이 있으나, 성경은 이 말씀도 우리의 신앙 고백 가운데 포함되어 있어야 한다고 말합니다. 뿐만 아니라 그 믿음의 도리, 곧 예수님이 하나님의 아들이시며, 또한 아버지께로 가서 우리의 대제사장이 되신다는 그 사실을 굳게 잡아야 한다고 성경은 말합니다.

> 예수께서 만일 땅에 계셨더라면 (대)제사장이 되지 아니하셨을 것이니. 히 8:4

성경은 예수님께서 승천하시지 않았다면, 다시 말해 아버지가 계시는 하늘로 가시지 않았다면 대제사장의 자격이 없다고 말합니다. 예수님께서 승천하신 것은 "내가 아버지께로 가니"(요 16:10)라는 말씀과 같이 대제사장의 일을 하기 위해 아버지께로 가신 것입니다. 이 사실은 사람의 지혜로는 알 수 없으며, 보혜사 성령님이 오셔서 깨닫게 하실 때에만 알게 됩니다(요 16:8; 고전 2:13).

어떤 사람들은 예수님께서 십자가에서 죽으시고 몸으로 부활하신 후 하나님의 우편에 앉으셨으므로 지금은 모든 구속 사역을 끝내고 하나님 우편에서 편히 쉬신다고 말합니다. 하지만 성경은 그렇게 말하지 않습니다. "여호와께서 내 주에게 말씀하시기를 내가 네 원수들로 네 발판이 되게 하기까지 너는 내 오른쪽에 앉아 있으라 하셨도다"(시 110:1; 행 2:35). 원수가 예수님의 발판이 되는 때가 곧 예수님이 재림하시는 때라고 성경은 말합니다(고전 15:25). 그러므로 예수님께서는 재림하실 때까지 계속해서 구속의 사역을 하실 것입니다.

더러 요한복음 19장 30절의 "다 이루었다"는 예수님의 말씀을 구속 사역을 완성하셨다는 말로 잘못 이해하는 사람들이 있는데, 이 말씀은 예수님께서 사람이 되어 오셔서 이 땅에서 하시려고 했던 모든 구속 사역을 마치셨다는 말입니다. 예수님의 구속 사역이 완성되는 것은 요한계시록 21장 6절에 나온 것처럼 주님이 "이루었도다"(개역개정), "다 이루었다"(표준새번역), "이제 다 이루었다"(공동번역)라고 선포하실 그때입니다.

죄 사함을 위한 제사는 단번에 마쳤습니다(히 10:10). 예수님께서는 지금 하나님 우편에 계시며, 하늘 성전(하나님이 계시는 곳)에서 계속 구속의 일을 하고 계십니다(히 7:24; 시 9:4).

> 자기를 힘입어 하나님께 나아가는 자들을 온전히 구원하실 수 있으니 이는 그가 항상 살아 계셔서 그들을 위하여 **간구하십이라.** 히 7:25

> 그는 하나님 우편에 계신 자요 우리를 위하여 **간구하시는** 자시니라. 롬 8:34

> 아버지 앞에서 우리에게 **대언자**가 있으니 곧 의로우신 예수 그리스도시라. 요일 2:1

예수님이 아버지께로 가서 지금도 죄인들을 위해 간구하신다는 말씀은 구속 사역을 계속하고 계시다는 말입니다. 그렇기 때문에 '성령이 오시면 확신(책망, 입증)시켜 주실 것'이라는 말씀은 '예수님이 아버지께로 가서 대제사장의 일을 하셔야 너희가 의로워진다'는 것을 의미하게 됩니다(요 16:10).

> 대제사장마다 **사람** 가운데서 택한 자이므로 하나님께 속한 일에 사람을 위하여 예물과 속죄하는 제사를 드리게 하나니. 히 5:1

대제사장은 사람 가운데서 취한다는 조건이 있었으므로 예수님께서 대제사장이 되시려면 반드시 사람의 몸으로 부활하셔야 했습니다. 주님은 '하나님께 속한 일에 사람을 위하여', 곧 믿는 사람들의 죄를 사하는 일과 의롭게 하시는 일을 위하여 몸으로 부활하고 승천하셔야 했습니다(롬 4:25; 요 16:10). 어떤 사람들은 예수님의 부활만 믿으면 된다고 말하지만, 부활 후에 아버지께로 가셔서 모든 사람을 위한 속죄 제사를 하늘에서 드리신다는 것까지 말해야 더 정확하다고 성경은 이야기하고 있습니다. 그것이 믿음의 도리입니다(히 4:14).

레위기 16장에는 속죄일에 관한 설명이 나옵니다. 거기에 보면 속죄의 제사를 드리기 위해 반드시 구비해야 할 3가지 조건이 나옵니다.

1. 대제사장이 있어야 합니다.
2. 제단이 있어야 합니다.
3. 제물이 있어야 합니다.

이스라엘 백성이 시내 산 앞에서 장막을 짓기 전에 하나님께서는 모세를 산으로 올라오게 하셨으며, 하늘을 여신 후 하늘에 있는 성전을 보여 주셨습니다. 그리고 그가 본 그대로 장막을 지으라고 말씀하셨습니다(출 25:9, 40, 26:30, 27:8).

그들이 섬기는 것은 하늘에 있는 것의 모형과 그림자라 모세가 **장막**을 지으려 할 때에 지시하심을 얻음과 같으니 이르시되 삼가 모든 것을 산에서 네게 보이던 본을 따라 지으라 하셨느니라. 히 8:5

여기서 하늘에 있는 것의 모형이라는 말은 하늘에 참 성전이 있음을 의미합니다(계 11:19, 하늘 성전은 계 14~16장에 10번 정도 기록되어 있습니다). 하지만 하늘에 있는 성전도 구속의 사역이 끝나면(계 16:17) 더 이상 존재할 필요가 없어지며, 하나님과 어린양(예수)이 우리의 참 성전이 되십니다(계 21:22).

하늘에 있는 참 성전은 사람의 손으로 지은 것이 아닌, 하나님께서 직접 지으신 것입니다(히 8:2).

그리스도께서는 장래 좋은 일의 **대제사장**으로 오사 손으로 짓지 아니한 것 곧 이 창조에 속하지 아니한 더 크고 **온전한 장막**으로 말미암아 염소와 송아지의 피로 하지 아니하고 오직 **자기의 피**로 영원한 속죄를 이루사 단번에 (지)성소에 들어가셨느니라. 히 9:11-12

예수님께서는 부활하고 승천하셔서 우리의 대제사장이 되시고, 또 하늘에 있는 참 장막 곧 하늘 성전에서 송아지와 염소(레위기 16장에서 속죄일에 송아지와 염소의 피로 속죄 제사를 드린 것은 예수님의 속죄 제사의 모형)의 피가 아닌 자기 피(예수님의 피)를 제물로 삼아 영원한 속죄의 제사를 드리기 위해, 하나님의 영광이 머문 솔로몬 성전이 아닌 하나님 실체가 계시는 곳(내가 아버지께로 가니, 요 16:10), 곧 지성소에 들어가셨습니다(히 9:24, 10:12; 롬 8:34; 엡 1:20).

오직 그리스도는 죄를 위하여 한 **영원한 제사**를 드리시고 하나님 우편에 앉으사. 히 10:12

그가 거룩하게 된 자들을 한 번의 제사로 **영원히 온전하게** 하셨느니라. 히 10:14

우리는 일반적으로 십자가에서 우리의 죄 문제가 다 해결되었다고 말합니다. 그러나 정확하게 말하면, 예수님께서 몸으로 부활하시고, 승천하시고, 하늘에서 온전한(완전한) 제사를 드리심으로 우리의 죄 문제가 다 해결 받게 되는 것입니다.

그리스도는 모든 믿는 자에게 의를 이루기 위하여 율법의 마침이 되시니라. 롬 10:4

구약의 율법 중에 가장 중요한 것이 하나님께 드리는 제사입니다. 예수님이 율법의 마침이 되시기 위해서는 율법 중에 가장 중요한 제사를 완성하셔야 합니다. 예수님은 이 땅의 성전이 아닌, 살아 계신 하나님의 실체가 계시는 하늘 성전에서 완전한 제사를 드림으로 율법의 마침이 되신 것입니다.

그러므로 바울이 고린도전서 15장 17절에서 "그리스도께서 다시 살아나신 일이 없으면 너희의 믿음도 헛되고 너희가 여전히 죄 가운데 있을 것이요"라고 말한 것은 예수님의 부활이 없으면 율법의 마침이 되시지 않기 때문에 한 말입니다. 예수님께서 율법의 마침이 되셔야 우리가 의롭게 되는 것입니다(롬 4:25). 왜냐하면 예수님이 하늘에서 제사를 드리시기 전에는 율법의 마침이 되지 못하시기 때문입니다. 예수님께서 하늘에서 제사를 지내심으로 성경이 다음과 같이 말하는 것입니다.

또 그들의 **죄**와 그들의 **불법**을 내가 다시 기억하지 아니하리라 하셨으니. 히 10:17

예수님께서 우리의 대제사장이 되시고, 하늘 성전에서 자기 피로 완전한 제사를 지내심으로 이제는 예수님을 믿는 사람들의 죄와 불법을 하나님께서 더 이상 기억하지 않으실 것이라고 말씀하십니다.

구약은 신약의 그림자요, 예언이며, 또한 예수 그리스도에 관한 기록이라고 예수님께서 친히 말씀하셨습니다(눅 24:44; 요 5:39). 구약의 모든 제사도 예수님이 하늘에서 드리신 완전한 제사의 모형이며, 그림자입니다(히 10:1).

우리는 레위기 16장에서 하나님께서 매년 7월 10일을 이스라엘 백성 모두를 위해 속죄 제사를 드리는 날로 정하시는 것을 볼 수 있습니다. 이 날은 예수님의 구속 사역을 알 수 있는 가장 좋은 모형이요, 그림자입니다(히 10:1). 레위기 16장에 나오는 속죄의 날에 대제사장이 하는 일과 예수님이 대제사장으로서 하신 구속 사역을 비교해 보겠습니다.

1. 이 날 대제사장이 제일 먼저 하는 일은 물로 자기 몸을 씻는 것입니다(레 16:4).

   예수님도 요단 강에서 물로 자기 몸을 씻는 일로 구속 사역을 시작하셨습니다(마 3:16).

2. 대제사장은 거룩한 옷을 입었습니다(레 16:4).
   예수님은 빛난 옷(홍포)을 입으셨습니다(눅 23:11).
3. 대제사장은 머리에 관을 썼습니다(레 16:4).
   예수님은 가시면류관을 쓰셨습니다(막 15:17).
4. 대제사장은 향을 피워 향의 연기가 지성소 안에 있는 속죄소를 가리도록 했습니다(레 16:13).
   향은 기도를 의미하는 것이므로(계 5:8), 예수님은 겟세마네 동산에서 힘써 기도(향을 피움)를 하셨습니다(눅 22:44).
5. 대제사장은 짐승을 잡아 그 피를 받았습니다(레 16:11, 15).
   예수님은 십자가에서 죽으심으로 자신의 피를 흘리셨습니다(요 19:34).
6. 대제사장은 짐승의 피를 가지고 지성소 안에 있는 속죄소 위에 뿌렸습니다(레 16:15).
   예수님도 큰 대제사장이 되셔서 하늘 성전(지성소)에 자기 피를 뿌리셨습니다(히 9:12; 계 9:13).
7. 한 마리의 염소(아사셀)가 이스라엘의 죄를 지고 무인지경(사람이 접근하기 어려운 땅)에 버려졌습니다(레 16:22).
   예수님은 제자들(마 26:56)과 군병들(마 27:30), 백성들(마

27:39), 백성의 지도자들(마 27:41), 강도들(마 27:44), 자연(마 27:45), 그리고 하나님(마 27:46)으로부터 버림당하셨습니다.

8. 속죄 제사를 지낸 짐승의 몸과 모든 것을 성 밖에서 불살랐습니다(레 16:27, 4:12; 히 13:11).
   예수님도 성 밖에서 십자가에 못 박혀 돌아가셨습니다(히 13:12).
9. 대제사장은 제사가 다 끝난 후 성막에서 나와 백성들을 축복했습니다(레 9:22).
   종말이 되면 예수님께서 믿는 사람들을 천국으로 데려가시기 위해 다시 오실 것입니다(요 14:3; 계 1:7).

여기서 보면 예수님의 십자가 죽음(구약에서는 제사 지낼 짐승을 잡음)이 예수님께서 우리를 위해 드리는 제사의 전부가 아니라 일부분임을 알 수 있습니다. 부활, 승천, 하늘에서의 제사, 재림 모두 중요한 것입니다. 하지만 하나님의 사랑과 공의를 가장 잘 보여 주는 대표적인 것이 십자가이며, 죄를 씻는 데 가장 중요한 피를 흘리신 곳이 십자가이므로 우리가 십자가에서 우리의 죄를 용서받았다고 말하는 것입니다.

예수님께서 우리를 위해 하늘에서 완전한 제사를 드렸다

는 증거가 있는지에 관해 의문을 가질 수 있으나, 성경은 그것에 대해서도 말하고 있습니다. 구약 성경에 보면 제사를 지낸 후 몇 번 하늘에서 불이 내렸던 기록들이 있습니다(이것은 다 예수님께서 하늘에서 드리신 참 제사의 그림자입니다).

1. 모세가 성막을 세우고 맨 처음 제사를 드린 후에 하늘에서 불이 내려왔습니다(레 9:24).
2. 솔로몬이 성전을 짓고 맨 처음 제사를 드린 후에 하늘에서 불이 내려왔습니다(대하 7:1).
3. 다윗이 오르난의 타작마당에서 제사를 드렸을 때 하늘에서 불이 내려왔습니다(대상 21:26).
4. 갈멜 산에서 엘리야가 제사를 지낼 때 하늘에서 불이 내려왔습니다(왕상 18:38).

예수님께서 하늘에서 완전한 제사를 지낸 증거로 오순절에 성령이 불같이 임했습니다(행 2:3). 성령님이 오순절에 불의 모양으로 임하신 것은 예수님이 자기 피로 하늘에서 드리신 완전한 제사를 하나님께서 기쁘게 받으셨다는 증거가 됩니다.

마치 **불의 혀**처럼 갈라지는 것들이 그들에게 보여 각 사람 위에 하나씩 임하여 있더니. 행 2:3

하나님께서는 예수님을 믿는 사람들이 죄 용서를 받을 수 있는 모든 방법을 완성하셨습니다. 죄를 지은 사람이 그것을 알고 예수님이 주와 구주가 되신 것을 믿으면 그 사람에게는 다음과 같은 일들이 일어납니다.

- 죄 사함을 받게 됩니다.
- 영이 거듭나게 됩니다.
- 구원을 얻게 됩니다.
- 성령을 받게 됩니다.
- 의로운 사람이 됩니다.
- 하나님의 자녀가 됩니다.
- 영원한 생명을 얻게 됩니다.
- 생명책에 이름이 기록됩니다.
- 하늘 시민권을 받게 됩니다.
- 천국을 유업으로 받게 됩니다.
- 주님과 함께 영원히 살게 됩니다.

chapter 4

예수님을 시인하고 믿으면 구원을 받게 됩니다

주 예수를 믿으라 그리하면 너와 네 집이 구원을 받으리라.

행 16:31

예수님을 믿는 믿음 안에 포함되는 3가지 내용을 마음으로 믿고, 입으로 시인하면 구원을 받게 됩니다. 하나님께서 약속하신 말씀입니다.

당신은 지금

1. 예수님을 주님(하나님의 아들)으로 시인합니까?

2. 예수님의 십자가 대속의 죽음을 믿습니까?

3. 예수님의 몸의 부활을 믿습니까?

위의 3가지를 머리로만 아는 것이 아니라, 마음으로 믿고 입으로 시인했다면 당신의 모든 죄는 사함을 받았으며, 당신은 구원을 얻어 하나님의 자녀가 되었습니다. 할렐루야! 축하드립니다. 이 말씀은 신실하신 하나님이 예수 그리스도 안에서 성령으로 우리에게 약속하신, 약속의 말씀입니다.

성경에 보면 회개하고 예수님을 믿으라는 말씀이 있습니다. 그것은 지금까지 하나님을 떠나 자기 마음대로 살아온 것을 잘못으로 알고, 뉘우치며, 하나님께 돌아와 예수님을 믿고, 하나님의 뜻에 따라 살아가라는 말입니다. 잘못을 하나하나 고백하는 것도 회개라고 할 수 있으나, 예수님을 믿지 않던 사람이 믿기로 작정하고 믿음 생활을 시작하는 것이 참된 회개입니다(행 26:20).

그러나 정작 자신이 정말로 죄 사함을 받았는지, 구원을 얻었는지도 알지 못하거나 어떠한 느낌도 갖지 못하는 경우가 대부분입니다. 간혹 아는 사람들도 있으나(행 9:4), 대부분의 사람들은 이것에 대해 알지 못합니다. 구원받았다(요 3:17)는 말과 영생을 얻었다(요 3:16)는 말, 또 거듭난다(요 3:3)는 말은 예수님께서 니고데모를 만나서 하신 말씀 가운데 있었던 내용입니다. (여기서 '거듭난다'는 말은 '영적으로 다시 태어나다' 혹은 '성령으로 태어나다', '위로부터 태어나다' 라는 뜻입니다.) 표현과 뜻은 다르지만 이것은 모두 동시에 일어나는 현상들입니다. 거듭나면 구원을 받으며 영생을 얻습니다.

사람이 거듭나면 처음에는 영적인 어린아이의 상태가 됩니다. 그래서 이 땅에서 육적으로 갓 태어난 어린아이가 아무것도 모르는 것처럼, 영적으로 태어난 어린아이 역시 자신이 죄 용서받고 구원받아 사랑받는 하나님의 자녀가 되었다는 사실을 알지 못합니다. 모르는 것이 지극히 당연합니다.

또한 육적으로 태어난 어린아이가 젖을 먹어 자라는 것같이 영적인 어린아이도 영적인 젖을 먹어 자라나게 됩니다. 하나님의 말씀인 성경이 영적인 젖입니다.

갓난 아기들 같이 순전하고 **신령한 젖**을 사모하라 이는 그로 말미암아 너희로 구원에 이르도록 자라게 하려 함이라.

벧전 2:2

육적으로 태어난 아이가 어머니의 젖을 본능적으로 사모하는 것처럼 정말로 영적으로 태어난 사람이라면 영혼의 젖인 성경을 사모해야 합니다. 어린아이가 엄마의 젖을 찾는 것같이 구원받은 영적 어린아이도 신령한 젖(성경)을 찾아야 합니다. 그러므로 구원받은 후에 영적인 젖을 먹지 않아 영적으로 자라지 못하고 항상 영적인 어린아이 상태로 살아가는 성도들이 교회 안에 생각보다 많다는 사실은 정말 놀랄 만한 일입니다(고전 3:1; 히 5:13).

육적으로 태어난 어린아이가 어머니의 젖을 먹고, 그리고 후에 음식을 먹고 자라며 점차 세상을 알아가는 것같이, 영적인 어린아이도 영적인 젖이며 양식인 하나님의 말씀으로 그 영혼이 자라게 되면 점차 영적인 세계를 알아가게 됩니다.

우리는 특별히 앞의 베드로전서 2장에 나오는 "구원에 이르도록 자라게 하려 함이라"는 말씀에 주목해야 합니다. 왜냐하면 육적으로 어머니로부터 태어난 존재는 분명 사람이지만 자라야 완전한 사람이 되는 것처럼 우리가 예수님을 믿어 구원받은 것 역시 구원의 완성이 아니라 구원의 시작이기 때문입니다.

더러 예수님을 믿어 구원받았으므로 더 이상 회개할 필요도, 성장할 필요도 없다고 말하는 사람들이 있습니다. 그들은 예수님을 믿기만 하면 이 땅을 떠나 천국에 갈 수 있는 것으로 생각합니다. 그러면서 예수님께서 십자가에 죽으실 때 한편에 있던 강도가 구원받은 것을 예로 듭니다(눅 23:43). 물론 틀린 말은 아닙니다. 그러나 그들의 주장이 옳다면 "구원에 이르도록 자라게 하려 함이라"(벧전 2:2)는 말씀과, 바울 사도가 이미 구원받은 빌립보 교회 성도들에게 "두렵고 떨림으로 너희 구원을 이루라"(빌 2:12)고 한 말씀은 어떻게 해석하고 설명해야 합니까?

일반적으로 신학에서는 성경에 나오는 구원이라는 말을 세 단계로 나눠서 설명하고 있습니다.

먼저 예수님을 믿어 구원받았다는 말은 '칭의'라고 합니다. 그것은 하나님께서 예수님을 믿는 사람들을 의롭다고 인정해 주시는 것을 말합니다. 일반적으로 사람들이 구원받았다고 하는 말은 이 첫 번째 단계를 가리키는 것으로, 영적으로 거듭난 상태를 말합니다.

그 다음 단계는 '성화' 라고 하며, 이것은 예수님의 형상을 본받아 거룩한 삶을 살아가는 것을 말합니다. 구원받은 사람은 이 땅에 사는 동안에 계속 마음의 변화를 받아야 합니다.

마지막 단계는 예수님께서 재림하실 때 모든 믿는 자들이 부활의 몸을 입고 천국에서 예수님과 함께 영광을 누리는 것으로, '영화' 라고 합니다(롬 8:18; 고후 4:17).

그러므로 우리는 구원의 완성에 이르도록(빌 2:12) 설교를 듣고, 성경 말씀을 읽으며, 공부하고, 암송하고, 묵상해 생활에 적용함으로써 영적으로 자라며 변화 받아야 합니다.

어떤 사람들은 성경을 읽으려고 해도 잘 이해되지 않아 읽을 수가 없다고 말합니다. 하지만 육적으로 태어난 어린아이가 어머니 젖 속에 어떠한 영양가가 있는지 이해하지 못해도 계속 먹으면 자라는 것과 같이 영적인 어린아이도 계속 성경을 읽고 설교를 듣는다면 처음에는 이해되지 않아도 영적으로 조금씩 자라나게 됩니다. 그러면 처음에는 이해되지 않던 성경이 점차 이해되기 시작할 것입니다.

그렇다면 과연 어느 성경부터 읽어야 할까요? 빌리 그래함 목사님은 요한복음부터 읽으라고 권하며, 조용기 목사님은 마가복음부터 읽으라고 권합니다. 두 분의 제안 모두 나름의 의미가 있다고 봅니다. 저는 먼저 요한복음을 읽되, 요한복음에 나타난 예수님이 누구신지를 깨달아 알고 믿을 수 있을 때까지 열 번이고 스무 번이고 읽을 것을 권하고 싶습니다. 영적으로 어느 정도 자라면 성령께서 그 사람에게 구원받은 사실을 가르쳐 주십니다.

> **성령**이 친히 우리의 영과 더불어 우리가 하나님의 자녀인 것을 증언하시나니. 롬 8:16

어느 날 성경을 읽다가, 혹은 예배 시간에, 기도하는 중에, 일을 하다가, 또는 차를 타고 가다가 '나는 죄 사함을 받았다', '나는 구원받았다', '나는 하나님의 자녀가 되었다', '나는 지금 이 땅을 떠나도 천국에 갈 수 있다' 라는 확신이 찾아올 것입니다. 이는 성령께서 믿고 어느 정도 영적으로 자란 사람의 영에게 구원받은 사실을 알게 하시고, 또 하나님의 자녀가 된 것을 깨닫게 하시는 것입니다. 물론 구원받은 사실을 깨닫는 때가 구원받은 날은 아닙니다. 구원받는 것은 예수님을 믿는 그 순간이며, 깨닫는 것은 영적으로 어느 정도 자란 후에 성령께서 가르쳐 주심으로 알게 되는 것입니다.

하지만 분명히 예수님을 믿고 구원을 받았으나 성령께서 확신시켜 주시는 경험을 하지 못하는 사람들도 있습니다. 그래서 '내가 정말로 구원받았는가' 하는 의심이 들기도 합니다. 그러나 이런 경험을 하지 못했더라도 정말 예수님을 마음으로 믿고, 입으로 시인하며, 주님께 헌신된(순종하는) 삶을 살고 있다면 그는 구원받은 사람임이 분명합니다.

반대로 성령께서 확신시켜 주시는 경험을 한 적이 있다고 말하지만 그 삶에 변화가 없고, 주님께 헌신된(순종하는) 삶을 살지도 않는 사람들이 있다면, 그런 사람은 자신이 구원을 받았는지 다시 한번 확인해 보는 것이 좋습니다(고후 13:5). 육신이 성장함에 따라 부모에 대해 더 많이 알게 되는 것같이 영적으로 성장하면 하나님과 예수 그리스도의 존재, 그리고 그분의 사랑과 뜻을 점점 더 많이 깨닫고 알게 됩니다(요 17:3).

◆ 정말로 구원받았으면 인생의 목적이 달라집니다.

(사 43:7; 고전 10:31)

- 정말로 구원받았으면 인생의 가치관이 달라집니다.

  (빌 3:7-9; 히 11:24-26)

- 정말로 구원받았으면 삶의 우선순위가 달라집니다.

  (마 6:33, 10:37)

당신이 정말로 구원을 받았는지, 아니면 아직 받지 못했는지를 스스로 점검할 수 있는 방법은 당신의 삶의 목적과 가치관, 우선순위를 살펴보는 것입니다.

chapter 5

성경이 말하는 3가지 구원 얻는 방법

성경은 죄 용서받고, 구원받는 방법에 대해 세 가지로 기록하고 있습니다.

1. 복음을 믿음으로 구원받는다(롬 1:16).
2. 예수님을 믿음으로 구원받는다(롬 10:9).
3. 주의 이름을 부름으로 구원받는다(롬 10:13).

표현은 다르지만 세 가지 모두 동일한 내용입니다. 그러므로 예수님을 믿는다는 말이나 복음을 믿는다는 말, 그리고 그의 이름을 부른다(믿는다)는 말은 다 같은 것입니다.

예수님의 이름을 베드로 사도(행 2:36)와 바울 사도(롬 1:4)는 대부분 주 예수 그리스도라고 했으며, 요한 사도는 하나님의 아들 예수 그리스도(요 20:31)라고 했습니다. 뿐만 아니라 우리는 성경을 통해 베드로와 요한, 바울 사도가 말하는 구원 얻는 믿음의 내용이 동일함을 알 수 있습니다.

주(하나님의 아들)	예수	그리스도
(신성)	(인성)	(죽음과 부활)
인격(품성)		사역(일)

우리가 예수님을 믿는다는 말은 '그 인격이 하나님이시며 사람이신 예수님 그분이 나의 주님이시다' 라는 사실을 믿는 것을 말합니다. 그리스도를 믿는다는 것은 예수님께서 죄인을 구원하기 위해 하신 일들을 믿는 것으로, '우리 죄를 위해 죽으시고 부활하신 것' 을 믿는 것입니다.

로마서는 성경 중에 죄인이 어떻게 죄 사함을 받아 의인이 되는지를 가장 자세히 기록한 책입니다. 로마서 서론에 보면 복음의 내용(1:3-4)과 예수님의 이름에 담긴 내용이 기록되어 있습니다.

> 그의 아들에 관하여 말하면 육신으로는 다윗의 혈통에서 나셨고 성결의 영으로는 죽은 자들 가운데서 부활하사 능력으로 하나님의 아들로 선포되셨으니 곧 우리 주 예수 그리스도시니라. 롬 1:3-4

"육신으로는 다윗의 혈통에서 나셨고"(3절), "성결의 영으로는 하나님의 아들로 선포되셨다"(4절). 1장 3절의 말씀은 예수님의 '인성'(완전한 사람이시다)을, 1장 4절의 말씀은 예수님의 '신성'(완전한 하나님이시다)을 설명합니다. 곧 예수님의 인격은 하나님이시며, 사람이십니다. 그리고 예수님께서 하신 일은 죽으시고, 부활하신 것입니다. 그 말씀을 다시 정리하면 이렇게 도식화할 수 있습니다.

하나님의 아들(4절) + 예수(3절) + 죽음과 부활(4절)

이것이 완전한 복음의 내용입니다. 사도 바울은 이 복음의 내용이 '곧' 주 예수 그리스도(4절) 라고 했습니다. 이것이 완전한 예수님의 이름입니다.

주 + 예수 + 죽음과 부활(롬 10:9)

이것이 예수님을 믿는 믿음 안에 포함되는 완전한 내용입니다. 결국 중심 구절로 사용했던 로마서 10장 9절의 예수님을 믿으면 구원받게 된다는 내용과 복음의 내용, 그리고 주의 이름에 담긴 내용이 동일함을 알 수 있습니다.

여기서 잠시 신약 성경의 주된 인물인 베드로, 요한, 바울 사도가 구원받는 것에 관해 한 말을 비교해 보겠습니다.

- 예수님을 믿으면 구원을 얻습니다(롬 10:9) : 바울
- 복음을 믿으면(롬 1:5) 예수 그리스도의 것이 됩니다(롬 1:6) : 바울
- 예수님께서 하나님의 아들 그리스도이심을 믿으면 영생을 얻습니다(요 20:31) : 요한
- 예수님이 주와 그리스도이심을 믿으면(행 2:36) 성령을 받습니다(행 2:38) : 베드로

이로써 우리는 요한과 베드로, 바울 사도가 말하는 구원받

는 방법이 다 같은 내용임을 알 수 있습니다. 이뿐 아니라 예수님께서 탄생하시던 날 밤 천사들이 목자들에게 "큰 기쁨의 좋은 소식(복음)을 너희에게 전하노라 오늘 다윗의 동네에 너희를 위하여 구주가 나셨으니(인성) 곧 그리스도(사역) 주(신성)시니라"(눅 2:10-11)고 했던 말씀 속에서 '다윗의 동네에 아기가 나심'(인성), '주'(신성), '그리스도'(사역)가 언급된 것을 통해 신약 성경에서 말하는 구원 얻는 방법이 모두 동일한 내용을 포함하고 있다는 사실을 확인할 수 있습니다.

그러므로 이 말씀이 성경에서 말하는 신앙의 기초이며, 기본이고, 성경의 가장 분명한 핵심입니다. 또한 이는 복음의 내용일 뿐 아니라, 믿음의 내용이며, 주님의 이름이 담고 있는 내용입니다. 하지만 많은 사람들이 교회에 다니면서도 기독교의 가장 기본적인 이 지식을 소홀히 하고 있습니다.

교도소 선교회(Prison Fellowship)의 창설자인 척 콜슨은 30년 가까이 선교를 하면서 "미국의 기독교인들이 기독교에 대해 너무나 알지 못한다"는 사실을 알게 되었다고 말한 적이 있습니다.

그렇다면 한국의 기독교인들은 어떻습니까? 제가 만난 신학생들 중에는, 졸업하고 앞으로 목사가 되려고 하면서도 성경이나 기독교의 기본 진리를 너무나 알지 못하는 사람들이 많았습니다. 심지어 예수님에 대해 정확히 알지도 못하면서 다 아는 것처럼 행세하는 사람들도 있었습니다. 오랫동안 신앙생활을 해왔으면서도 신앙의 기초를 알지 못하는 사람들이 참 많습니다.

로마서 1장 8절은 "너희 믿음이 온 세상에 전파됨이로다"라고 기록하고 있습니다. 로마 교회 성도들의 믿음은 이미 온 세상에 널리 알려져 있었습니다. 그들은 로마서 16장 19절의 "너희의 순종함이 모든 사람에게 들리는지라"는 말씀처럼 하나님의 말씀에 순종하는 성숙한 신앙의 사람들이었습니다. 그러나 사도 바울은 이들을 향해 로마서 1장 15절에서 "나는 할 수 있는 대로 로마에 있는 너희에게도 복음 전하기를 원하노라"고 말하고 있습니다.

바울은 왜 그렇게 말했을까요? 이는 로마 교회의 사람들이 예수님을 믿고 순종은 하지만, 신앙생활의 가장 기본적이며, 중요한 복음의 내용과 예수님을 믿는 방법을 잘 모르고 있기 때문이었습니다.

구원을 얻는 이 기본적이며, 성경에서 가장 중요하게 여기는 내용을 알지 못하면 신앙의 참된 뿌리를 주 예수 그리스도 안에 내릴 수가 없습니다(골 2:7). 신앙의 뿌리가 없으면 평안할 때에는 표가 나지 않지만 시험이 오면 흔들리게 되어 있습니다. 그러므로 로마 교회뿐 아니라 오늘을 살아가는 많은 성도들도 이 사실을 알아야 합니다(벧전 3:15).

구약에서도 하나님의 인격과 하신 일(사역)을 믿음으로 구원받을 수 있었습니다(출 20:2; 레 11:45, 19:36, 22:33, 26:13; 민 15:41; 신 5:6; 시 81:10; 호 13:4).

> 나는 너를 애굽 땅 종 되었던 집에서 인도하여 낸 네 하나님 여호와니라. 출 20:2

이 말씀을 분해해서 다시 써 보면 다음과 같습니다.

인격 : 나는 너의 하나님 여호와다.

사역 : 애굽 땅, 종 되었던 집에서 인도해 내었다.

구약은 신약의 예언이요, 그림자이므로, 애굽에서 종 되었던 이스라엘이 애굽으로부터 구원받는 것은 죄와 사망의 종 되었던 사람이 예수님을 믿어 구원받는 것의 그림자입니다. 그러므로 구약에서 하나님의 인격과 하신 일을 믿으면 모든 죄를 용서해 주신다고 약속하신 것과, 우리가 예수님의 인격과 그의 하신 일(사역)을 마음으로 믿고 입으로 시인하면 우리의 모든 죄를 용서해 주실 것이라고 하신 내용은 동일한 것입니다. 신구약의 믿음의 내용은 동일합니다.

우리가 또 생각해 볼 것은 모든 시편이 하나님에 대한 찬양이며 기도라는 사실입니다. 시편은 우리가 하나님을 찬양하고 하나님께 기도해야 할 이유에 대해 크게 2가지를 말하고 있습니다.

1. 하나님의 인격, 곧 하나님의 존재와 그 성품을 찬양하는 것
2. 하나님께서 행하신 일을 찬양하는 것

구약 성경에서 메시야에 관해 가장 많이 예언했다고 해서 '복음적 예언자' 라 불리기도 하는 이사야 역시 메시야에 관해

예언하면서 '메시야의 인격'(사 9:6)과 '메시야의 사역'(53:4-6)을 언급하고 있습니다. 이 역시 우리가 믿는 믿음의 내용과 똑같은 것입니다.

성경은 사사 시대에 이스라엘 사람들이 혼돈 가운데 살게 된 이유에 관해 "왕이 없으므로 사람이 각기 자기의 소견에 옳은 대로 행하였더라"(삿 21:25)고 기록하고 있습니다. 그들의 왕은 하나님이었지만, 그들은 그것을 알지 못하고 이방 나라와 같은 왕을 구했습니다. 왜 그랬을까요? 성경은 그 이유를 다음과 같이 말하고 있습니다.

> 그 세대의 사람도 다 그 조상에게로 돌아갔고 그 후에 일어난 다른 세대는 **여호와를 알지 못하며** 여호와께서 이스라엘을 위하여 **행하신 일도 알지 못하였더라.** 삿 2:10

가나안에 들어갔던 1세대가 다 죽고 난 후 살았던 그 다음 세대들은

1. 하나님(인격)을 알지 못했습니다.

2. 하나님이 행하신 일(사역)도 알지 못했습니다.

그래서 여호와 하나님을 버리고 이방신인 바알들을 섬겼습니다. "이스라엘 자손이 여호와의 목전에 악을 행하여 바알들을 섬기며 애굽 땅에서 그들을 인도하여 내신 그들의 조상들의 하나님 여호와를 버리고 다른 신들 곧 그들의 주위에 있는 백성의 신들을 따라 그들에게 절하여 여호와를 진노하시게 하였으되"(삿 2:11-12). 이스라엘 민족이 하나님과 하나님이 하신 일을 알지 못해 이방신을 섬긴 결과에 관해 성경은 이렇게 말하고 있습니다.

> 그들이 어디로 가든지 여호와의 손이 그들에게 재앙을 내리시니 곧 여호와께서 말씀하신 것과 같고 여호와께서 그들에게 맹세하신 것과 같아서 그들의 괴로움이 심하였더라.
>
> 삿 2:15

지금까지 이야기한, 신약 시대에 구원받는 데 필요한 믿음의 내용(롬 10:9)과 같이 사사 시대를 살던 이스라엘 사람들도 하나님의 존재와 그분이 하신 일을 알았어야 했습니다. 하지만 그들은 하나님도 알지 못하고 그분이 하신 일도 알지 못했습니다. 그래서 바알을 섬겼습니다. 오늘날을 살아가는 우리 역시 예수님의 본질을 알아 그분을 주님으로 모시고, 그분이 하신 일, 곧 십자가 대속의 죽음과 몸의 부활을 마음으로 믿고 입으로 시인하지 않는다면, 교회에 다닌다고 하면서도 마음에 다른 것(자아, 물질, 명예, 쾌락, 마귀)을 주인으로 모시게 됩니다. 사사 시대 이스라엘처럼 혼란스러운 삶을 살게 됩니다.

예수님을 마음의 주인으로 모시지 않는다면 우리는 사사 시대와 같이 어지러운 삶을 살 수밖에 없습니다. 하나님을 알지 못한 이스라엘이 풍요를 좇아 풍요의 신 바알을 섬긴 것같이 오늘날 예수님을 알지 못하는 사람들도 풍요의 신인 황금만능주의, 즉 물질의 신을 섬기고 있습니다. 이는 사사 시대 이스라엘이 바알을 섬긴 것과 동일한 것입니다. 풍요의 신인 바알을 따라 살던 사사 시대에 혼란이 그치지 않았던 것처럼 물질을 따라 사는 이 시대 역시 많은 사람들이 어렵고 힘든 삶을 살고 있습니다. 그래서 삶을 포기하고 자살을 시도하는 사람들도 있습니다.

우리가 살아가는 21세기는 (사사 시대와 같이) 절대 진리가 없고 자기 생각에 옳으면 그것이 자기에게 진리라고 믿는 혼란한 시대입니다. 이 역시 사람들이 예수님을 알지 못하고, 그분이 하신 일을 알지 못해 예수님을 마음의 왕(주인)으로 모시지 않아 생긴 필연적인 결과입니다. 그래서 물질을 제일로 아는 황금만능주의가 이 시대에 만연해 있습니다. 하지만 이스라엘이 바알을 섬김으로 망한 것과 같이 오늘날의 황금만능주의 역시 망하게 되어 있습니다.

신명기 1장 2절에 보면 호렙산에서 가데스 바네아까지 가는 데 열하루(11일)가 걸렸다고 나옵니다. 호렙산에서 가데스 바네아까지의 거리는 264킬로미터(165마일)입니다. 하지만 모세는 신명기 2장 14절에서 가데스 바네아에서 세렛 시내를 건너기까지 38년이 걸렸다고 말합니다. 가데스 바네아에서 세렛 시내까지의 거리는 130킬로미터(81마일)입니다. 6일이면 갈 수 있는 거리를 38년이 걸려도 건너지 못해 애굽에서 나왔던 60만 장정이 다 광야에서 죽음을 맞이했습니다. 오직 세 사람(모세, 여호수아, 갈렙)만이 세렛 시내를 건넜습니다.

신약 성경 디모데전후서는 바울 사도가 디모데에게 보낸

편지로서, 어떻게 목회를 할 것인지에 대해 가르치고 있는 말씀입니다. 디모데는 바울 사도와 20년 가까이 함께 선교를 한, 바울 사도로부터 많은 것을 보고 듣고 배운 사람입니다. 그는 이미 목회를 하고 있는 사람입니다. 그러나 우리는 바울 사도가 디모데에게 쓴 편지에서 디모데가 다 아는 복음의 내용을 많이 언급하고 있는 것을 볼 수 있습니다(딤전 1:12, 3:16; 딤후 1:10, 2:8). 이는 신앙의 기초가 그만큼 중요하다는 것을 말해 줍니다.

그러므로 우리는 무엇보다 우리 신앙의 가장 기본적이며 기초가 되는 복음의 내용과 믿는 방법을 교회에 다니는 사람들에게 확실히 가르쳐야 합니다. 광야를 헤맸던 이스라엘 백성처럼 오늘날에도 6일이면 다 알 수 있는 성경의 기본 진리를 38년간 교회를 다녀도 깨닫지 못하고 이 세상을 떠나는 안타까운 일들이 교회 내에서 많이 일어나고 있습니다. 참으로 슬픈 일이 아닐 수 없습니다.

하나님께서 그리스도 안에 계시사 세상을 자기와 화목하게 하시며 그들의 죄를 그들에게 돌리지 아니하시고 화목하게 하는 말씀을 우리에게 **부탁하셨느니라**…너희는 하나님과 화목하라 하나님이 죄를 알지도 못하신 이를 우리를 대신하여 죄로 삼으신 것은 우리로 하여금 그 안에서 하나님의 의가 되게 하려 하심이라. 고후 5:19-21

누구든지 예수님을 믿기만 하면, 하나님이 그의 죄를 예수님께 돌리고 그에게 예수님의 의로움을 주십니다. 그러므로 믿는 사람은 의인이 됩니다. 하나님은 누구든지 예수님을 믿으면 그의 모든 죄를 사하고 의롭다 하실 것을 약속하셨습니다. 우리가 하나님의 이 신실하신 약속을 믿는다면 우리는 구원을 받고 또한 의롭다 함을 받을 것입니다. 아멘.

결론

이 책 『구원의 복음』을 처음 시작하면서 여러분에게 던졌던 인생에서 가장 중요한 세 가지 질문은 이것이었습니다.

1. 나는 도대체 어디서 왔는가?
2. 나는 무엇 때문에 이 세상에 살고 있는가?
3. 나는 지금 어디로 가고 있는가?

철학자들이 대답하지 못하는 이 질문을 예수 그리스도를 믿어 구원받은 사람들은 자신 있게 대답할 수 있습니다.

첫 번째 대답은 '나는 하나님께로부터 왔습니다.'

두 번째 대답은 '나는 하나님께로 가는 길을 찾았습니다.'

세 번째 대답은 '나는 지금 하나님께로 가고 있습니다.'

구원받아 하나님의 자녀가 된 것은 놀라운 축복이요, 은혜입니다. 이제부터는 하나님의 자녀로서 거룩하고 경건한 삶을 살아야 하며(살전 4:3; 벧전 1:15), 그리스도의 형상을 본받아야 합니다(롬 8:29; 고후 3:18). '그리스도인' 이란 말은 '그리스도를 따르는 자' 혹은 '그리스도께 속한 자' 라는 뜻입니다. 그리스도께 속하기 위해서는 반드시 예수님을 자신의 주인으로 마음에 모시고, 그리스도의 마음을 본받아야 합니다(마 11:29; 빌 2:5). 우리가 그리스도의 것이 되어야 그리스도인이 되는 것입니다.

하나님, 매주일 교회에 예배 드리러 오는 모든 사람이 주 예수 그리스도를 바로 알고, 바로 믿으며, 주님을 더욱 사랑하게 하소서. 아멘.

도둑이 오는 것은 도둑질하고 죽이고 멸망시키려는 것뿐이요
내가 온 것은 양으로 생명을 얻게 하고
더 풍성히 얻게 하려는 것이라(요 10:10)

21C 교회성장과 축복의 통로

교회진흥원은 기독교한국침례회 총회의 교육, 문서선교 기관으로서 교회의 교육, 목회, 선교활동에 관한 실제적인 연구와 프로그램 개발, 기독교 정보를 제공하고, 자료 출판 및 보급사역을 하고 있습니다.

· 각 연령별 교회학교 공과, 구역공과, 제자훈련 교재, 음악도서를 기획, 출판하고 이와 관련된 각종 강습회를 실시합니다.
· 요단출판사를 운영하며 매년 70여 종의 각종 신앙도서와 제자훈련 교재를 기획, 출판합니다.
· 서울과 대전에 직영서점을 운영하고 있습니다.

요단출판사의 사역정신

그리스도인들의 올바른 신앙성장과 영성 개발에 필요한 신앙도서를 엄선하여 출판, 보급함으로써 이 땅에 하나님나라 확장을 위해 헌신하고 있습니다.

· **F**or God For Church
하나님과 교회의 유익을 위하여 도서를 기획 출판합니다.

· **O**nly Prayer
오직 기도뿐이라는 자세로 사역합니다.

· **W**ay To Church Growth & Blessings
교회성장과 축복의 통로가 되기 위해 사명을 감당합니다.

· **G**ood Stewardship & Professionalism
선한 청지기와 프로정신으로 사역합니다.

· **C**reating Christianity Culture & Developing Contents
각종 문화 컨텐츠를 개발함으로 기독교 문화 창달에 기여합니다.

직 영 서 점

요단기독교서적 교회용품센타 서울특별시 서초구 신반포로 205 반포쇼핑타운 6동 2층
TEL 02) 593·8715~8 FAX 02) 536·6266 / 537·8616(용품)

대전침례회서관 대전광역시 동구 태전로 16
TEL 042) 255·5322, 256·2109 FAX 042) 254·0356

요단인터넷서점 www. jordanbook.com

"그러므로 너희는 가서 모든 민족을 제자로 삼아 아버지와 아들과 성령의 이름으로 침(세)례를 베풀고 내가 너희에게 분부한 모든 것을 가르쳐 지키게 하라 볼지어다 내가 세상 끝날까지 너희와 항상 함께 있으리라 하시니라." _마 28:19~20